英语课程教与学整体设计与分析

周隽溪　谭梅影　王金生　著

哈尔滨出版社
HARBIN PUBLISHING HOUSE

图书在版编目（CIP）数据

英语课程教与学整体设计与分析 / 周隽溪, 谭梅影, 王金生著. — 哈尔滨 : 哈尔滨出版社, 2023.7
ISBN 978-7-5484-7388-6

Ⅰ. ①英… Ⅱ. ①周… ②谭… ③王… Ⅲ. ①英语－教学研究－高等学校 Ⅳ. ①H319.3

中国国家版本馆CIP数据核字(2023)第128610号

书　　名：英语课程教与学整体设计与分析
YINGYU KECHENG JIAO YU XUE ZHENGTI SHEJI YU FENXI

作　　者：周隽溪　谭梅影　王金生　著
责任编辑：杨浥新
封面设计：刘梦杳

出版发行：哈尔滨出版社（Harbin Publishing House）
社　　址：哈尔滨市香坊区泰山路82-9号　　邮编：150090
经　　销：全国新华书店
印　　刷：廊坊市海涛印刷有限公司
网　　址：www.hrbcbs.com
E-mail：hrbcbs@yeah.net
编辑版权热线：（0451）87900271　87900272

开　　本：787mm × 1092mm　1/16　　印张：10.25　　字数：180千字
版　　次：2023年7月第1版
印　　次：2024年1月第1次印刷
书　　号：ISBN 978-7-5484-7388-6
定　　价：68.00元

前言

教学是一项十分复杂的活动。在这一教学活动中，教师的任务是解决学生现有的认识水平同教育者提出的要求之间的矛盾。因此，教学是学生在教师引导下，有目的、有计划、系统地学习科学文化知识和基本技能，同时发展智能和体力，并形成正确世界观和良好品质的过程。教学是学校实现教育目的的基本途径。教学不仅应该考虑学习的情境和过程，还应考虑学生通过学习将获得哪些学习结果。学习是一种复杂的现象，种类繁多、形式多样。学习是指学生在生活过程中凭借经验产生的行为或行为潜能相对持久的变化。众所周知，英语教学极其强调实践性，因为一种新的语言习惯不可能靠逻辑推理来完成，也不可能通过对公式和概念的掌握来得到，而是通过长期的听、说、读、写、译的实践来培养。因此，学生是否积极参与，在英语教学中显得极为重要。

整体教学法不是一套简单的教学方法和技巧，而是一套关于语言教学的理论和原则，它的心理学基础是格式塔心理学。格式塔心理学者认为人们感知的一切都是完整的形式和形状，强调组织和知觉的完整性。部分相加不等于整体，整体比部分的总和大，整体先于部分并决定部分的性质和意义。传统的教学模式是将课文逐词、逐句地讲解，即我们所说的语法分析加翻译的教学法，容易使学生只见树木不见森林。而课文整体教学有别于传统的分散教学。格式塔心理学者认为，教师应当把学习情景作为一个整体呈现给学生。人对语言刺激的反应是综合的，而不是通过对语句的分析来理解其内容。“整体教学法”把知识作为一个整体传授给学生，而不是把知识作为只言片语的肢解，即使是局部分析，也是在学生知晓整个知识框架的前提下实施。英语教学整体性的原则，也是语言能力培养目标的基本要求。整体教学可以提高学生对语言的综合性把握，有利于激发学生学习的兴趣，开拓学生学习的思维，促进学生听、说、读、写诸方面能力的综合提升。一言以蔽之，所谓整体教学，就是将零散的、孤立的单词放到有机的课文整体中，按照整体—部分—整体的教学步骤授课，强调的是以学生为主体，注重学生对课文内容的理解，加强学生对课文中的句型、短语的实践认识，从而培养学生运用语言的能力。而培养这种能力的主要途径就是课堂教学。

本书以英语教学基本关系为切入点，由浅入深地阐述了英语教学基本原则与特点，系统地论述了英语教学的模式、理念与平台，深入探究了学习方式的概念及转变、英语学习方式的优化与创新，诠释了整体教学及其设计，从思维、模式、技能（听力、词汇、语法、篇章、阅读、写作、翻译）方面提出了英语课程整体教学应用与设计策略，以期为读者理解与践行英语课程教与学整体设计与分析提供参考与借鉴。本书内容翔实、逻辑合理、兼具理论与实践性，适用于工作在一线的英语教师。

笔者在写作过程中，借鉴了许多专家和学者的研究成果，在此表示衷心的感谢。本书研究的课题涉及的内容十分宽泛，尽管笔者在写作过程中力求完美，但仍难免存在疏漏，恳请各位专家批评指正。

目录

第一章　英语教学的关系、目标与特点

第一节　英语教学的基本关系

一、英语和汉语之间的关系

中国人学习的英语属于目标语，母语是汉语。“迁移”是存在于母语和目标语之间的问题。“迁移”一词来自心理学，指学习者对新知识或新技能的学习会受到原有知识或技能的影响。迁移理论于20世纪50年代被收录在语言教学研究中，认为人们在学习外语的过程中会受到母语迁移的影响。

认知理论、标记理论和对比分析假说属于迁移现象的三个理论。对比分析学派的观点是母语和目标语之间的差异会导致负迁移的发生。

（一）语音迁移与词汇迁移

1.语音迁移

在语言迁移中有一个突出且长久存在的现象，即语音迁移。通常情况下，大众认为第二语言的习得会受到来自第一语言的强烈影响，而外国口音是最好的证明。英语和汉语有不同的语音，因为它们并不在同一个语系中，其差异体现在：①汉语是通过四声分辨意义，属于声调语言，而英语则注重语调。如果学生说的是北方方言，那他们在语音语调方面有时会出现难题；②英语和汉语具有不同的音素体系，两者基本没有相同发音的音素，即使有相似的音素，发音部位也不尽相同，会产生负迁移。

2.词汇迁移

相同的单词在不同语言中会呈现出不同的含义，其形式可表现为空缺、重叠和交叉等，这是因为语义场存在差异。如汉语的“重”，对应英语的“heavy”，但“重”不能完全表达“heavy”的意义；在英语中，有a heavy box、a heavy smoker、heavy rain、heavy traffic等表达方法，一个“重”字并不能全面覆盖。在英语中，运用汉语搭配是很多英语学习者会出现的错误，如busy traffic、big rain等与英语表达相悖的短语。英语和汉语有着不同的语言文化，这也是两者具有不同语言词汇意义的原因之一。在这两种语言中，意义相同的只有为数不多的专有名词和科技术语，而其他词汇在意义上都会存在差别，这也是产生负迁移现象的原因之一。

（二）句法迁移

句法是传统意义上的语法，组词造句要以句法为基准。英语和汉语虽然在句法上有相同之处，但其差异性也很明显。

（1）汉语的形态变化并不明显，属于分析性语言，对句法关系的表达是依靠使用词序和虚词实现，而英语则是综合性语言。在语序上，英语比汉语更灵活，并且形态也有更多变化。

（2）汉语的重点在于意合，使用词语和分句对逻辑关系和意义进行表达，而英语的重点则在于形合，对意义和逻辑关系的表达，常用关联词等语言形式。相比于英语，汉语使用连词的频率较低，不仅体现在口语中，也体现在非正式的文体中。因此，中国学生常在英语中排列一组没有连词的单句，这是汉语习惯带来的影响。

（3）汉语的叙述多为动态，动词较多；而英语的叙述多为静态，名词较多。

（三）英语和汉语关系的处理

在英语和汉语关系处理上，会出现两个问题。

（1）应当给予英语和汉语相同的教学，不能厚此薄彼。在新时代下，经济全球化是必然趋势，在国际交往中，英语的重要性不言而喻，更多的人已经意识到这一交流工具的重要性。

（2）克服负向迁移，促进正向迁移。从英汉之间的关系来看，英语的教授不可依赖于汉语。提高学生的英语交际能力才是英语教学的终极目标，而学生要获得这种能力，不仅要频繁地使用英语，还要长期接触英语。但英语教学并没有无限的学时，因此在课堂中使用英语教学，可以让学生最大限度地使用和接触英语。使用英语教学的两个优势是，尽量不产生汉语的负向迁移和营造良好的英语氛围。

二、语言知识和语言技能的关系

（一）语言知识和语言技能的认知

1.语言知识

语音、词汇和语法都在语言知识范围内。在英语整体运用中包含语言知识，也是学习语言技能不可或缺的一部分。在英语教学中，英语基础知识是学生必须学习和掌握的内容。

（1）语音。交际离不开语言，而语言则有声音，交际要依靠人的发音器官才能进行。英语中的拼写、语法和构词都和语音有联系。词汇、语法和听说技能的学习，可以因为掌握语音而获得帮助。

（2）词汇。在英语中，词汇既包含习惯用语，也包含单词。词的概念不难理解，难的是无法准确定义词。对词的定义，不同的语言学家有不同的说法。总体上，词是构成语句的基本单位，而语法特点、语音和意义又构成词。任何词都具备语音形式。口语中的不同词是依靠语音进行区分，不同的词有不同的意义，而意义依照层次又分为两种，即字面意义和暗含意义。“本义”指词的字面意义，而附加意义则是暗含意义，不包含词本义。人们对一个词语所代表的事物抱有的情感和态度即附加意义。

语言要依靠词汇进行构建。虽然词汇量大不代表语言水平高，但只有拥有了一定的词汇量，才能学好语言技能。

（3）语法。词和短语只有在语法的指导下才能形成句子，规定了语言的结构。词在经过线性排列之后形成语言，但这种排列具有一定规则，并不能随意进行。每一种语言都有自己的语法，英汉有不同的语法。在英语交际过程中，英语学习者不能违背英语的语法规则。

2.语言技能

听、说、读、写等语言的运用能力是语言技能。其中又分为接受性技能和产出性技能。前者为听和读，后者为说和写。

听是对话语和口语语言的理解；说是通过口语输出信息，表达个人的想法和思想；读是通过对书面语言的理解进行信息输入，对文字符号进行辨认和转换；写也是输出信息，在表达思想过程中要使用书面语。

语言技能包含听、说、读、写四个方面，不仅是学生在学习和运用语言过程中必须掌握的，也是交际所需，可以培养他们整体的语言运用水平，也能帮助他们更好地获取和处理信息。

（二）语言知识和语言技能关系的处理

语言能力中既包含语言知识，又包含语言技能，两者都是语言学习要达到的目的，是相互促进和相互影响的关系。语言技能的学习是基于语言知识，如果要发展语言技能，必须对英语语法有充分的了解，还要掌握一定的词汇和语言知识；听、说、读、写是学习语言知识的途径，学生可以在这个过程中逐步体会和感受。进行英语教学时，在对语言知识和技能的关系进行处理时，要特别注意以下方面。

1.语言知识与语言技能同时兼顾

语言能力中既包含语言知识，又包含语言技能，两者都是英语教学的重点。语法翻译教学法是传统的教学方法，而交际教学法是以此为基础出现的。这是因为语法翻译教学法并不重视语言技能的培养，而是一味地突出语法等语言知识。但当我国大范围地使用交际教学法时，课堂上常见的现象是忽视语言知识。

所有语言能力都要依托于一定的语言知识，重语言能力轻语言知识是完全不可取的一种想法。语言除了语法知识外，还有策略能力（在交际过程中应付难题的方法和手段，也被称为交际策略）、社会语言学能力（如怎样得体地完成语言行为）、语篇能力（对不同的照应和衔接手段进行解和使用）。这些能力表明：学习语法是必需的，语言能力的基础来自语法知识；准确无误地使用语言，才是学习语法的目的，还要让语言的社会文化和语法规范得到保证，而并不是简单地了解某一理论体系；理解单个的句子和完整的语篇都在语言能力范围内。

学习知识和传授知识只是英语教学的一部分，还要在学习语言知识的过程中融入语言技能。两者要相辅相成，不能忽略任何一方的学习，而应做到同时提高。

2.语言知识的教学要立足于语言实践活动

对语言知识的讲解并不是语言知识传授的全部内容，而是应将听、说、读、写等活动融入基础英语的教学过程中。因此，语言知识的教授可以通过练习语言技能实现。

3.听、说、读、写四项技能协调发展

全面发展听、说、读、写四项基本技能，不应忽视任何一个。听和说可以作为英语学习者学习的开端，但需要紧跟读和写。有两种错误倾向会出现在四项技能关系的处理上，应特别注意：其一是不应将书面材料中的“听说法”教授给学生，但中国人在学习外语的过程中，非常青睐阅读的输入环境，这与中国人对外语学习的环境相悖；其二是单纯地重视读写，讲究客观条件，会产生英语口语非常生硬的情况。

三、学生和教师之间的关系

在英语教学活动过程中，实践者既有教师，也有学生，而英语学习的成功与否，与是否能够正确处理师生之间的关系有着极大联系。

（一）学生的主体地位

英语教学要始终围绕学生而进行，因为学生才是学习的主体。教师的作用是在学生进行英语学习时给予相应的帮助和指导。对此，教师在研究教学方法过程中，要抓住学生心理和生理特征，避免学生因为学习而出现心理障碍，使学生化被动学习为主动学习，增加学习的积极性。教师还应该根据学生特长，做到因材施教，不忽略任何一个学生。同时，对于学生在学习上遇到的难题，教师应给予积极的帮助；在面对学生出现的错误时，也应充满耐心，不要苛责，应尽量鼓励他们，让他们对英语学习充满信心。

1.学生学习的动机与态度

学生学习的动机和态度属于情感因素，会对英语学习产生影响。学生只有态度端正，动机强烈，才能在英语学习中获得成功。若英语教师得不到英语学习者的欢迎，学生会减少学习的动力，学习自然也无法取得成功。

（1）学习动机。内在动机和外在动机的划分是基于动机根源。

（2）学习态度。态度属于评价性反应，由情感、认知和意动三个部分共同组成。对事物反应的好坏是情感，对事物的决心是认知，对事务处理的倾向和态度则是意动。

通过研究第二语言的习得可以发现，在态度和学习成绩的关联度上，外语学习要明显高于其他学科的学习。因此，让学生养成良好的学习态度，是英语教学的重点之一。

2.学生学习的性格特征

内向与外句、焦虑和抑制等性格特征，会对学生的英语学习产生一定影响。

（1）内向与外向的性格特征。性格在一定程度上影响英语的学习。在外语技能学习上，无法判定哪一个性格更具优势。如果学生的性格较为内向，他们对语言形式的研究和练习会更多。相比于外向型的学生，内向型的学生更能准确、全面地体会语言结构。课堂上用英语积极提问和回答的学生，性格大都外向，他们对语言的运用会更流畅和流利。

（2）焦虑的性格特征。如果产生较大程度的焦虑，会对外语学习产生负面影响。但英语学习又不能完全没有焦虑。例如，学习中的焦虑有两种，即促进性焦虑和退缩性焦虑。前者可以让学生有更多的学习动力，用积极的心态接受学习任务；后者则会让学生在面对学习任务时产生逃避心理。

（3）抑制的性格特征。抑制与人的自尊心联系紧密，不仅可以从心理上进行自我保护，还可以抵御来自外部的威胁。人们越是对自我有更多的了解，越能建立起有效的自我保护屏障。因此，有的学生会因为自我意识不强而不愿意参与语言活动，这种行为是在语言学习过程中产生的抑制行为，但是在有效引导之后可以得到缓解。

（二）教师的主导作用

教师在发挥主导作用的同时，也要时刻以学生为本，体现学生的主体地位。教师在英语教学过程中的角色主要有以下类型。

1.语言知识与文化知识的传授者

语言技能的学习要基于一定的语言知识。在中国，英语学习者只有对英语的词汇量和语法知识有一定的掌握，才能提高听、说、读、写的能力，不仅如此，英语学习者还应对西方文化进行学习。教师在课堂上要教授的不仅包括英语的语言知识，还包括其文化知识，但教学方式不是只有强制灌输一种，而是多种多样的，从教学方法上来看，传统的灌输式教学不仅单一，还无法增加学生的积极性，容易让学生陷入被动的学习状态。对此，教师可以在传授知识的过程中结合相应的语言实践活动，同时引导学生进行探究式学习，改变以往的学习方式。

2.语言技能的培养者与示范者

（1）语言技能的培养者。教师在传授语言知识的同时，也肩负着培养语言技能的重任。学生可以在教师的帮助下，在交际过程中运用所学的语言知识。

（2）语言使用与交际的示范者。学生可以通过模仿进行学习，而模仿的对象是教师。因此，教师要做到以下两点要求：①教师的语言基础要扎实，才能避免学生进行错误的模仿；②教师要根据学生的语言水平进行教授，才能方便学生模仿。

3.语言交际活动的组织者和参与者

学生只有积极参与交际实践活动，才能有效地提高英语交际能力。教师可以开展各种交际活动，但这些活动既要符合教学需要，也要充分考虑学生水平，而且有很多活动需要教师参与，从中扮演角色，引导学生加强对语言用法的掌握。

4.语言学习过程的诊断者和咨询者

英语学习并不能一蹴而就，困难与困惑常会出现在学生的学习过程中，这时需要教师对学生的困难或困惑做出“诊断”，找到问题出现的原因并给予学生一定指导，帮助学生及时走出困惑。而教师只有对英语教学的基本理论和学习过程有充分了解及过硬的理论素质，才能做到这一点。

5.学生学习动力与学习兴趣的激发者

英语学习要始终坚持以学生为本，因为学习的主体是学生。学生是否拥有浓厚的学习兴趣和充足的学习动力，决定其英语学习是否有良好的效果。对此，不仅需要教师积极调动学生学习的积极性，还要让他们有强烈的学习欲望；在教学过程中发挥学生的不同特点，鼓励学生的每一次进步；在学生出现错误时用宽容的心态看待和解决，维护学生的自信心，让他们积极面对英语学习。

6.语言学习规律的学习者和研究者

任何一位英语教师都是英语学习者，而他们在教学中的经验和教训，大都来自个人以往的学习过程，也会影响他们的英语教学。但很多教学活动只有感性的经验，还需要将经验转化为理论，才能达到教学目的。对此，一方面，要鼓励教师进行终身学习，让教师自身具备的语言基本功更上一个台阶；另一方面，应让教师科学地进行教学实践活动，对外语学习有进一步研究。

第二节　英语教学的基本原则

一、以学生为中心的原则

教学分析可以通过教材解析、教学方法与手段的选择、教学活动的设计和组织三个方面进行，整个流程坚持以学生为中心原则。

（一）教材解析

教材解析要根据学生的需要进行，整个过程以学生为中心。教师在讲授和剖析教材进程中，需要以学会和了解教材基本内容为基础，按照学生的现实状况和学习潜力确定教学工作以及需要，达到教学目的。

（二）教学方法与手段的选择

教学方法与手段的选择同样应根据学生的需要进行，整个过程的中心仍旧是学生。教师在教学过程中要以学生思维为出发点讨论问题，坚持以学生为核心，教学手段要通过听觉、视觉、语言等方面吸引学生，并激发他们学习的自主性，如此丰富多变的教学手段能够更好地提升学生的学习主动性。比如图片、声音、模型、幻灯片等具有画面感的教学手段，能够提升学生专注力，有利于学生深入了解和接受教材内容。

（三）教学活动的设计和组织

教学活动的设计和组织仍要按照学生的需要开展，其中心仍要围绕学生进行。教师要在全面掌握和研究学生的基本情况、学习兴趣点、知识构成、学习目的等基础上设计教学活动，以此保证教学活动的目的性、多样性和全面性，进而对提升学生学习的主动性起到积极作用，达到教学目的。

二、兴趣性的原则

在英语教学进程中，应建议教师以养成学生学习英语兴趣为首要目标，尽可能地激发学生学习的自主性和自发性，才能让学习成果和教学成果事半功倍。一个人如果有了兴趣，必然会唤起内在力量，顺其自然地热爱学习并从学习中感受到乐趣。在英语教学过程中，教师可以从以下四个方面培养学生的兴趣。

（1）了解学生，不轻视学生。学生是整个教学活动的主体，也是核心的学习者。在大学阶段，学生已经逐步形成价值观和人生观，要求教师在教学过程中，全面关注学生，按照学生的需要推动教育任务，而一味依照自身想法和行为习惯规范学生的学习则行不通。

（2）杜绝死记硬背。在英语学习的更高阶段，在对语法和词汇等具有规范性的知识内容了然于心的基础上，交流实践是目前的重中之重。教师为了能够让学生更深入地领会和掌握有关知识点，在整体教学和讲授进程中需要把学习方法放在首位。

（3）加强交流。教师在教学进程中要平等对待来自不同地方、不同性格和不同习惯的学生。与此同时，教师需要促进教师和学生、学生和学生之间的沟通，进一步把握学生的思想，积极推动师生关系的建立。

（4）深度挖掘教材。教师要在教学活动开展之前，在理解和掌握教材整体内容基础上，进一步加深探究和发掘，利用教材中能够引起学生兴趣的内容，激发他们的主动性，为课堂创造放松、欢快的环境。

三、输入优先的原则

学生利用听和读的方式进行英语语言资料的学习，即为输入。学生利用说和写的方式进行语言表达，即为输出。教授英语过程中，语言输入是重中之重，要以语言输入优先原则作为第一要义。语言输入优先原则主要内容如下。

（1）为了能够在英语教学中激发学生对英语学习的兴趣，并积极接受，教师应利用形象化的声音、照片、文字等内容，教导学生学习和掌握教材知识。

（2）教师要注重学生的理解能力，激发学生读和听的能力，对于理解性强的内容，可以短时间内不对写和说做要求。读和听也是语音学习的输出，重点是能够帮助学生全面了解资料。

（3）教师需要在开展语言输入过程中，时刻检查输出的情况，以此方法让学生输入掌握得更加牢固，从而进一步提升语言输入。

（4）教师要在教学活动中激励学生进行模仿活动，通过模仿能够有效地让学生深入了解和学习语言。教师要协助学生尽可能模拟实际情况，鼓励学生勇于发表看法。

四、语用真实的原则

教学过程中，教师要达到语用真实，需要开展以下工作。

（1）掌握好语用的真实目的。教师教授英语的实质是培养学生语用能力，并将培养学生语言潜能作为最终目的。

（2）教学内容要讲求语用真实。教师要在英语教学中充分利用语用角度进行教授，达到语用教学目的，需要对教材中的文章进行深入剖析和研究，运用真实例句，引导学生进行练习，让学生尽快学会使用英语。

（3）教学活动中要实现语用真实的贯穿运用。教师在课堂教学过程中，不仅要注重学生语言能力的培养，还要利用课程解析、词句讲解、课后练习等方式，培养学生语用能力，让学生能够将教学内容和实践相结合，并且利用这种方式完成英语教学的全部内容。

（4）教学检测评估要讲求语用真实的原则。语用真实原则不仅能够作为学生学习真实语用含义的工具，也是学生用于提升英语运用能力的方式。所以，语用真实原则在整个教学进程中的地位无可替代。

五、过程、效率和结果融合的原则

学科教育教学能够对中国人的文化知识和人文精神起到推动作用。英语教育教学作为重要的学科内容，能够加深中国人对国外的认识和印象，是一门关键学科。增强人文精神和提升英语素质离不开课堂教育，提升英语素质不是英语教学的唯一目标，还需要关注学生人文精神教育的增强。英语学习和培训等都会在学生的人文精神建立中起到不可磨灭的作用。

英语教育不是一味地要求成果，单纯依靠考试分数判定学生学习质量好坏的学科，而是逐步学习和探寻的过程。英语教学本身是追求效率的学科，应让学生投入少、收获多，使投产比达到最高效果。因此，教学考评过程中的重要指标，不仅包括教学进度和工作效率的提升，也需要重视学生个性培养，发扬他们的个性化，让学生拥有创新精神、创新能力、创造力和动手能力。

第三节 英语教学的特点

一、英语教学的主要特点

（1）英语教学形式增多。当前，教学方法和教学模式不断增多，“分类指导”“多元化培养”等教学理念越来越成熟，英语教师在教学思想的指导下，不断创新教学模式和教学形式，使英语教学呈现出多样化的特点。

（2）英语教学内容不断优化。在当前新常态发展下，各类高校的英语教学内容得到全面提升，由原有的以语言为主的必修课教学形式向以注重教学内在为主要形式的选修课过渡；英语教师不再以提升学生英语语言技能为唯一教学目的，而是更多地关注如何提高学生英语技能。

（3）英语教学内容和教学方法更加丰富。科学技术飞速发展，英语教育者也应该与时俱进，充分利用多媒体进行教学，不断在教学方法中融入新颖的教学元素，比如微课、翻转课堂等。在新常态下，英语的教学思想、教学方法、教学内容等，要顺应当前信息化发展趋势。

（4）英语教育者迎来新的挑战。当前，对英语教育者提出了新的要求，英语教师不仅要有较强的教学能力，还需要具备一定的科研能力。教师在教学能力方面应该具备的能力包括：第一，英语专业理论知识；第二，英语技能；第三，调整教学方法和形式的技能；第四，改变教学思维认识和能力等。此外，英语教师为了进一步提升英语教学效果，增强学生整体素养，需要持续完善个人的知识积累、提升授课技能，进而让学生能够依靠英语技能在毕业之后得到更多的机会。

二、英语教学特点的专项对策

（一）准确定位英语教学目标

英语教学可以按照真实环境和学生对于英语的需要，在课时方面进行增减，对于授课地点和形式均可机动选择。对此，英语教师要在准确定位英语教学目标基础上，灵活设置教学内容和教学方式，让学生根据自身需要，自由选择英语学习内容以及形式，凸显学生在教学中的主体地位。除此之外，在教学过程中，英语教师应该注重学生英语实际应用能力的培养，给学生提供更多开口说英语的机会，为学生营造良好的英语学习氛围，在潜移默化中提高学生英语的实用性。英语教师还可以采用多样化的成绩考核方式，如答辩、英语辩论赛等，提高学生运用英语进行交流的能力。

（二）更新英语教学的模式

英语教师需要不断创新教学模式，以分层次、自主性、个性化、信息化为指导，逐渐形成科学、合理的教学模式。

首先，在创新教学模式过程中，英语教师要充分利用多媒体技术和网络资源，逐渐实现以网络化教学为主的新型教学模式，加强师生间的交流，让教师和学生之间实现实时交流，调动学生学习的积极性。

其次，英语教师应在第一课堂中，将锻炼学生主动学习的观念和能力作为重点，进而促进学生在第二课堂中自主学习英语知识。这样，把第一课堂教学和第二课堂完美相融合，让学生能够主动发掘并处理英语问题，进而提升学生的英语学习能力。

最后，英语教师要正确指导学生参加四六级考试，根据学生英语能力，对学生进行分层教学，允许优先通过英语四六级考试的学生免修相关英语课程，暂时未通过考试的学生继续学习，直到通过考试才可以免修相关英语课程。

（三）加强教师队伍建设

英语教师的素质影响英语教学质量。首先，要加强教师培训力度，不断提高英语教师的综合素质，让英语教师推动英语教学改革；其次，英语教师要丰富自身知识储备，转变教学观念，特别是当前最为提倡的充分尊重学生主体地位，在教学中，英语教师要扮演好引导者的角色，以学生为中心进行教学，注重激发学生学习英语的兴趣，培养学生自主学习能力；最后，要积极引入高素质的英语教学人才，增加英语教师队伍中高素质人才的比例，建设一支高素质的教师队伍，从根本上提高英语教学质量[①]。

① 刘苗，何娟.新常态下的高校大学英语教学特点及应对对策分析[J].课程教育研究（新教师教学），2015，（33）：16.

第二章　英语教学的模式、理念与平台

第一节　英语教学模式

一、内容型教学模式

（一）内容型教学模式的含义

20世纪80年代以来，内容与语言融合学习法（CLIL）受到关注，以沉浸式教学（Immersion）和内容型教学模式（Content—based instruction）为两种最具代表性的教学模式。

内容型教学模式和交际法有相同的语言学和心理学理论基础，是交际教学法的一种。与交际法不同的是，内容型教学模式关注学习输入的内容，主张围绕学生需要掌握的课程组织语言教学。因此，可以将内容型教学模式定义为：一种主张围绕学生所学的学科内容而展开教学的交际语言教学形态。它强调以学习者需要的内容或信息为中心，而不是以语言或教材大纲为标准组织教学，进而达到语言教学与内容教育相互督促、相互提高的教学目的。

内容型教学模式的语言观主要有以下三点。

（1）语言是一种获取信息的工具，而信息是在语篇中建构和传递，因此，语言教学要以语篇为基础。

（2）在现实生活中，听、说、读、写四项技能是不能分开使用的，语言教学也应把四项技能综合起来培养。

（3）语言的使用是有目的的，学生在学习过程中要清楚所学语言材料的目的，并使之与自己的目标联系起来。内容型教学模式强调关注语言技能以外的能力和素质，因为语言本身是一种排列组合，是一个符号系统，本身的美感和深度来自运载的内容。

（二）内容型教学模式原则

关于学习理论，内容型教学模式有一个核心观点：语言学习不局限于语言本身，而是作为一种了解信息的途径，语言学习才能成功。这个核心原则衍生出以下四个重要观点。

第一，当所学习的内容被认为有趣、有用且能够指向预期目标时，学习的语言习得才能成功。因此，增大学习效果，必须加大学习内容与学习者的实际需要联系。

第二，对于内容型教学模式所依托的学习材料，某些领域更有优势。例如，地理学科通常被认为最适合与语言学习相结合。主要是因为地理学科自身的特点：①地理学科有高度的视觉性、空间性和情境性；②地理学科需要使用地图、图表、模具等辅助材料；③地理学科在开展教学时，需要使用大量描述性语言。

第三，有针对性的教学，才是好教学，符合学生需要的教学，才会取得好效果。内容型教学模式强调学习的内容要有针对性，必须符合学生的需求。尤其在有特殊用途或学术用途的培训课程时，更要充分考虑学生具体的行业需求或学术需求。

第四，教学要在学习者已有经验之上进行。教学要充分考虑到学生进入课堂时已经具备一定的学科知识。

（三）内容型教学模式原则

内容型教学模式的倡导者开发了多个中国企业品牌竞争力指数（CBI）项目，探索出多种教学模式，并将内容型教学理念描述成一个连续体，一端是内容驱动型教学（Content—driven），另一端是语言驱动型教学（Language—driven），两极之间存在多种教学模式，使语言与内容有着不同权重。

在完全和部分沉浸式教学过程中，内容是主导，二语是媒介，正规的学校课程是教授内容。它的有效性更多地取决于学生对内容的掌握，而语言的掌握是一个副产品。保护式教学的授课对象是非本族语者，由学科领域专家担任教师，但在授课过程中需要关注学生的外语水平，调整教学话语使教学内容更容易被学生理解。

此外，教师还需要选择适合于学习者难度的教学材料，并根据学习者的语言能力调节课程要求。附加式教学模式主要强调内容学习与语言学习一样重要，附加式教学的内容与语言相互融合以团队形式来实现教学目标，即内容教师负责学术内容的讲授，语言教师负责学术读写等语言技能的讲授。主题式教学通常在二语或外语教学情境中进行，课程大纲围绕主题或话题，如环境污染、妇女权益、医药卫生等组织，最大限度地利用内容传授语言技能。偏向于内容驱动型的教学模式要求学生具有中级或更高的语言水平，以及相关的学科内容知识；偏向于语言驱动型的教学模式与传统的语言教学更为相似。

内容型教学模式秉承“做中学”的教学理念，鼓励学生进行自主学习、合作学习和体验学习，要求学习者扮演积极的角色，积极地理解输入材料，有较高水平的歧义容忍度，愿意探索新的学习策略，多角度阐释口头或书面语料。学习者可参与学习内容和活动方式的选择中，为学习内容提供资源。学习者要对内容型教学有十足的信心，积极适应新的角色，成为一个合作型的、参与型的自主学习者。

内容型教学模式下，教师应该兼具语言和专业内容两项专长。这是一个巨大的挑战，因为教师可能是语言专家或某个学科领域的专家，但在这两个方面都擅长的人可能少之又少。一个成功的CBI教师，必须具备下列知识和技能：学科内容知识、学科教学技能、外语知识、外语教学技能、教材的开发和选择、教学评估等。相应地，CBI教师集多种角色于一身：需求分析者、课程设计者、教材编选者、合作者、研究者、评估者等。

内容型教学模式通常选择真实语言材料作为教材。这个真实性一方面指本族语学习者所使用的教材，另一方面指源于报纸或期刊文章，并非为语言教学目的而编写的材料。与真实性相矛盾的是，内容型教学模式还必须考虑学习者的语言水平，教材要具有理解性，因此，对教材进行一定程度的语言简化和冗余的解释也是必要的。总之，教学材料既要具有真实性，又要具有可教性。

内容型教学模式的优点在于：首先，学生的学习动机增强、学习兴趣提高且确保了对学习认知有较高要求的课堂活动，从而丰富了学习者的认知发展；语言的功能、形式和意义没有被分裂开来。从早期的专门用途英语课程到沉浸式课程，内容型教学模式已经被应用到各个层次的语言教学项目中，如高校生外语课程、商务外语课程、职业外语课程等。然而，内容型教学模式在应用中也存在一些局限性。最突出的是师资问题，兼具语言知识和学科知识的教师非常匮乏。

其次，内容型教学模式在多大程度上可以帮助学生发展其语言技能，因为学习者会首要关注学科内容的掌握，而忽略语言使用的准确性。鉴于学习者需求的多样化，很难开发市场化教材，会导致教师花费大量时间甄选材料，还有评估方面的问题，是评价学生对学科知识的掌握，还是评价学生的语言能力。

二、任务型教学模式

（一）任务型教学模式的内涵

任务型教学模式自20世纪80年代产生以来一直备受瞩目。任务型教学模式将任务置于课程规划的核心地位，要求学习者通过完成特别的课堂任务而学习外语，交际法语言教学是为任务而不是为语言的交际法教学大纲。

任务型教学模式的普遍定义为：以完成任务的过程为学习过程，以具体的学习任务为学习动力或动机，以展示任务成果的方式体现教学效果的教学方式。

任务型教学模式重视学习过程，在传统语言知识教学基础上，着重培养学习者的两种能力，即交际能力、综合运用语言的能力。任务型教学模式所代表的理念被鲁子问等人归纳为：语言是一种工具，用于表达思想、交流情感、解决问题；语言学习不能只依靠以形式为中心的机械训练，而要依靠语言的使用。

语言学习的目的是通过语言解决问题，而不是单纯地掌握语言知识和培养语言技能。在现阶段义务教育中，英语课程标准所倡导的外语教学法是任务型教学模式。

国内外研究者对“任务”（task）这一术语的解释不尽相同。

（1）有助于达到语言学习整体目标的所有课堂活动都可看成任务，包括简短的语法练习和更为复杂的涉及真实的意义交流活动。

（2）任务是语言加工的产物或语言理解的结果，如边听录音边画地图、听指令做动作等。教师通常需要明确任务要求，以衡量学习者是否成功地完成任务。多样化的任务可以增强课堂活动的目的性，使学生有机会运用语言，从而使语言教学更具交际性。

（3）任务是一项有特定目标的工作或活动，通常作为课程的组成部分，或在研究中用于搜集数据。

（4）任务是学习者通过对已知信息进行思考加工而达成某一结果的活动。

（5）交际性任务是学习者理解或掌控目的语，并用目的语进行互动的活动。在使用语言的过程中，他们的注意力主要集中于交际意义而非结构形式。

（6）任务是学习者关注意义，使用语言达成目标的活动。

（7）学生在学习过程中应用目的语进行语言学习，由加工、理解，分析问题、解决问题等相互关联的内容及具有明确指向的交互活动或课堂活动组成，这些都可以称为“任务”。

（8）任务应具备五个要素：①要有意义；②要有待解决的交际问题；③与真实世界的交际活动相似；④首先要完成任务；⑤根据结果评估任务。

（9）任务的主要特征包括：第一，输入材料。输入材料指学习者完成任务所使用或依据的书面材料或视听材料。第二，角色。角色指学习者在完成任务时所需扮演的角色，如信息发出者或信息接收者。第三，情景。所谓情景是指执行的环境或背景作为任务产生的条件，主要包括语言交际的语境、课堂任务的组织形式等。

（10）程序。程序指学习者在完成任务过程中所涉及的步骤和操作方法，即“怎样做”，包括任务序列中某一任务学习所处的时间分配、先后次序、位置等。

（11）监控。监控指确保任务顺利完成的监督过程。

（12）目标。目标任务主要包括：一方面，任务的使用以达到预期的教学目的，在另一方面，任务的使用以实现非教学用途。

（13）反馈。反馈指教师或同伴对任务完成的整体情况，包括语言使用的纠正性反馈和其他有用的反馈。

（二）任务型教学模式的理论基础与发展

任务型教学模式的理论基础是俄罗斯心理语言学家维果茨基的语言和学习理论。他强调语言的获得是人与人之间的相互作用的结果，然后将其变成自己的知识。学习是社会真实性的协作努力，其中“教师与学生”参与有明确的目标导向的交互任务。

任务型教学模式的理论依据还包括互动假说（Interaction hypothesis）、输出假说（Output hypothesis）、有限容量假说（Limited capacity hypothesis）和认知假说（Cognition hypothesis）等。互动假说强调语言习得中的互动，即意义协商，在二语习得中起到决定性作用。意义协商是当沟通理解发生困难时，交谈的双方必须依据对方理解与反馈，进行诸如重复、释义、改变语速等语言上的调整，从而使输入变得可理解。互动假说关注选择性注意和负面反馈在语言习得中的作用。①

输出假设提出对输出的关注可以促进二语习得，给学习者提供语言输出的机会是语言发展的关键所在。在目标语输出过程中，学习者会注意到“知”与“不知”、“会”与“不会”之间的距离，进而了解自己对外语的掌握情况。输出还为学习者提供了在运用中尝试新语言的机会，并对外语的结构形式进行反思。

有限容量假说指在注意力有限而需要关注的语言侧面不止一项（比如语言流利度、语言复杂度、语言精确度）的情况下，学习者根据学习任务的要求进行优先排序，根据需要将注意力更多地投入某一项任务教学中。

认知假说是基于一语习得提出的。在一语习得的发展过程中，概念化发展为其创造了条件。

“任务”对二语习得过程产生的促进作用主要包括：①任务能提供意义协商和理解输入的语境；②任务能就学习者的输出提供吸纳纠正性反馈的机会；③任务能提供整合内化修订过的输入机会；④任务揭示自身输出与源输入之间的差距；⑤任务的认知要求将学习者注意力集中到特定形式上，促进语法化过程和输出的精确度；⑥认知要求较低的任务可以促进自动化过程和输出的流利度；⑦认知要求较高的复杂任务可以促进句法化程度和输出的复杂度；⑧任务的认知要求能促进概念化重塑；⑨任务排序能强化记忆；⑩以上情况必须建立在具体的交际语境之上。②

从上面的结论可以看出，任务型教学模式的研究发展轨道，起初人们关注如

① 王华.大学英语教学中互动式教学法应用研究[M].成都：西南交通大学出版社，2018.

② 孙静.大学英语教学及改革新思维[M].北京：中国水利水电出版社，2017.

何进行互动和协商的意思，加强输入的理解；现在，人们更加关注如何使输出的意义和目标语言更一致。

（三）任务型教学模式的特征分类

1.任务特征

在任务特征分类研究主要考察哪些功能对互动和收购的影响最大，以促进教学任务的设计。对此，可以根据语言的复杂性、认知的复杂性和交际的紧张度划分任务的难度，也可以从输入、任务条件、认知加工过程和任务目标四个方面描述任务特征。

输入包括四个变量：媒介、语言复杂性、认知复杂性和信息熟悉度。

任务条件包括三个变量：参与者关系、任务要求、完成任务所涉及的话语模式（对话或独白）。

认知加工过程指完成任务所涉及的认知加工层次，从信息交流到进行推论，再到进行观点的交锋。

任务目标包含三个变量：媒介（通过图画、口头或书面语展示结果）、任务结果是开放式的还是单一的解决方案、任务结果所涉及的语篇模式（描写、叙述、分类、指示、辩论等）。

2.任务难度

任务难度是一种主观因素，主要因为二语学习者存在个体差异，主要涵盖情感和能力两个维度。任务复杂度是一种客观因素，是由任务对学习者的认知加工要求决定。任务复杂度与学习者个人能力无关，只与任务本身的结构和设计有关。因此，对不同学习者而言，一项既定任务具有不同的任务难度和相同的任务复杂度。

如果将任务复杂度进一步细分，可以分为“资源分散”和“资源导向”两个维度。在完成二语任务过程中，两个维度对学习者注意力资源的分配产生截然不同的影响。在资源导向维度上增加任务复杂度，能够将学习者的注意力资源导向特定的语言结构和形式，使产出的语言更加准确和复杂。在资源分散维度上增加任务复杂度，则会消耗学习者更多的注意力，使学习者分配给语言形式的注意力资源相对减少。学习者可以调用多重注意力资源，任务复杂程度的提高也有可能使学习者的表现得到提升。因此，学习者对形式和内容的关注并不一定是矛盾的①。

3.任务型教学模式

任务型教学模式分为真实任务和课堂教学任务两种任务类型。真实任务是根据学习者需要，模拟真实交际而设计的演练任务。例如，学习者有“假期出游计划”，则需要进行目的地的决定、预订航班、选择旅馆、预订房间等一系列演练任务；学习者有“申请高校”的需要，则需要进行写申请信、回复信件、咨询经济资助、选择课程、电话或网络注册、支付学费等一系列演练任务。课堂教学任务不一定能反映真实交际，而是根据二语习得研究设计的语言学习任务。

任务型教学模式以教学的角度分为六种任务类型，包括列举、排序、比较、解决问题、分享个人经历和创造性任务。其中，创造性任务比较复杂，一般来讲，完成创造性任务时可以拆分成几个阶段，必要时还要进行前期调查。

从认知角度可将任务型教学模式划分成三种任务类型：①信息差任务，指对所给信息进行由此及彼的传递，由一个人传递给另一个人，或形式上的转换（如将文字信息转换成图表），或时空的转换，涉及对语言的解码和编码；②推理差任务，指根据所给信息，通过推理、演绎，或对关系、模式的识别等过程，推导出新的信息，如根据班级课表推导出教师课表；③观点差任务，指针对所给情景，明晰表达个人喜好、感受或所持态度，如续编故事、参与讨论等。这类任务的结果通常是开放式的。

任务型教学模式的三个步骤：①任务前的活动；②任务过程（包括报告、任务、计划）；③任务后的活动（包括语言形式的操练和分析的聚焦）。根据我国国情，任务教学的课堂教学程序分为五个阶段，即任务设计、学习准备、学习呈现、学习开展和学习评价。任务型语言教学途径不是一种教学方法，而是一种教学思想。在实际运用中，任务型教学的操作方式根据任务的难度不同而不同。一些简单的任务可能只有一两个步骤，而一些复杂的任务则需要划分不同的阶段进行。

三、交际教学模式

英语教学水平和研究水平的提高，既得益于语言学理论研究的进步，也是人

① 刘晓玲.英语课程教学论[M].长沙：中南大学出版社，2014.

们进一步认识语言本质的结果。人和人之间交流的是语言信息，语言属于信息系统，也是人类在交际过程中必不可少的工具。有交际才有语言。语言教学的目的不仅在于提高交际能力，还在于解决交际问题，因为语言要实现的第一个功能是交际性。大多数语言教学理论认为，语言教学的目的是为学习者提供良好的语言沟通能力。因此，提高学生的英语口语能力也是英语教学的方向。

在英语教学中，话语能力、语法能力、社会语言能力、策略能力都属于交际能力范围，要求学生掌握。这些要求学生不仅具备一定的交际手段和良好的语言表达能力，还要求他们掌握一定的交际规则。人们经常使用的口头和书面语言沟通方法，书面语和口语是这两种方式之间的区别。书面语能力通常指外语交际能力，但无准备性、对可视情景的依赖性、交际的直接性、手势及面部表情的使用性、相对独立性等，又是具备外语交际能力的特征。

（一）交际教学的基本原则

教学的场景和内容、学生和教师共同构成英语口语交际教学系统。教学信息通过这些构成要素，实现在教授系统和学习系统之间的切换，因此也推动这个系统的发展。信息在口语交际教学过程中并不是一直存在的，师生在这个过程中要遵循相应原则，并且创造良好的交换环境。

（1）平等原则。交换和传递信息的人都是参与口语交际教学的主体，而且他们都是有意识且具有能动性。他们在这个活动中始终保有积极状态，也说明这个过程并不是强制性、没有互动的单边活动，而是主体之间始终有交流的双边活动。

要保证教师和学生之间实现平等，教师要始终以学生为中心，让学生成为课堂活动的主体。首先，在口语交际教学过程中，教师要及时鼓励学生，让学生利用自己的资源优势，以交换信息，并与教师沟通；其次，在教学活动的过程，教师应充分意识到学生群体具有充沛的情感和无限的个性，每个学生在人格、语言表达和认知方式上都存在不同。教师要做的是对学生自身具备的情感和人格给予充分尊重，才能让公平和平等出现在口语交际教学活动中，也是双向或多向交往的前提。

在口语交际教学活动过程中，教师要始终以学生为中心，保证学生在交际活动中的主体地位。教师也要让自己成为平等的参与者，而不再是活动中的长者和尊者，实现师生间的平等交流。

（2）互动原则。口语交际的重点在于交际，双方在交际过程中的沟通都是以口头语言为主。因此，“交际”应该和听说一样，成为口语交际教学的重点，让课堂教学中的信息实现双向互动或多向互动。

（3）意义原则。意义是交际教学法的核心，因为人们在用英语沟通的过程中，重点并不在于语言的正确与否，而是在于意义的传达是否到位。教师在进行交际教学时，尽量不要对学生在语法上出现的每一处错误都给予纠正，而是应该增加容忍度。教师应意识到，无论是语言学习，还是其他学科的学习，都是在错误中取得进步。

（二）交际教学的具体应用

（1）掌握“听话”的技能。“听”是口语交际的重要组成部分。交际双方可以选择和调整自己的说话方式，但他们不能改变别人的说话方式。不管其他人说什么，从沟通和传播的角度看，听者需要能够理解。在课堂教学中，学生一定要听老师讲课，回答老师的提问，并听取同学的演讲，所有这些都需要学生掌握“听”的能力。因此，口语交际教学必须首先教会学生成为一名合格的“听众”。此外，从心理学的角度来看，“听话”的能力结构包括敏锐的感知、高度注意力、快速记忆、深刻理解力、正确评价和丰富的想象力。因此，培养学生的“服从”能力应该从这些方面着手。

（2）掌握“说话”的技巧。听和说在口语交际过程中不可分离。说话的目的不仅是传达信息，还是表达思想。成功的口语交际需要高超的说话技巧，而说话技巧也体现在说话的连贯性上。

第二节　英语教学理念

一、以学生为中心开展教学

目前我国传统的英语教学是以教师为中心的讲授式教学，学生在学习知识的过程中是被动的、机械的，他们的真实需求经常得不到重视，会对英语教学效果产生很大的负面影响。因此，应体现出学生的主体地位，以学生为中心，让学生发挥自己的主观能动性，从而获得良好的教学效果。

在教学过程中，发挥学生的潜能、体现学生的主体地位、以学生为中心都是无可厚非的，但大部分学校都有有限的教学成本，而且会统一安排教学计划。因此，为了让学生在教学过程中从有限的教育成本里尽可能获得最大收益，需要使人力、资金、时间成本与学生的发展和需求达到平衡。

在教学过程中，以学生为本并不代表学生可以决定一切教学因素，尊重学生也不代表要实现学生的一切需求，让学生进行主动学习也不代表学生可以以自己的所有意愿为准。教学中以学生为本，要始终以为社会输送优秀人才为目标，要使用合理并科学的人才培养方式。因此，在教学过程中应做到以学生为本，一方面让学生的心理和身体得到健康发展，满足学生的合理需求；另一方面分析现代社会的人才需求，所有的教学活动都要根据教学计划逐步进行。

在教学过程中做到以学生为本以及尊重学生的主动性，并不意味着要弱化教师的作用。与之相反，这种教学方式反而更强调教师所发挥的作用，教师的引导和组织作用与学生获得的学习效果以及在学习中的投入性和主动性有着紧密联系。

要求教师必须不断在教学中反思，分析学生是否充满学习的积极性、学生是否在教学活动中充分发挥潜能以及学生的学习效果等。因此，在教学过程中应做到以学生为本，教师所规划的学习目标必须符合学生需求，既要引导学生，也要鼓励学生，让学生的学习责任感更加强烈。

（一）以学生为中心的特征

1.学生表现方面的特征

课堂上以学生为主体进行教学，学生的表现主要包括以下方面。

其一，学生需要在一定时间内保持注意力的高度集中。只有学生在课堂上集中注意力，才能凸显其作为主体的优势。课堂教学中，学生只有集中精力，才会积极地聆听教师的讲解，并对其讲解的内容产生一定兴趣，积极地与同学、教师展开交流和合作，主动进行学习反馈等。

其二，有利于学生和教师以及同学之间加强合作和交流。强调以学生为主体的课堂教学，有利于积极推动学生主动思考教师提出的问题，并予以独立解决，能够提出自己的观点和想法；可以积极地上台进行展示；主动参与到小组讨论中，并分享自己的成果，加强和小组成员之间的合作，及时反馈自己的问题；对培养学生的责任感、积极性都非常有利，有利于学习任务的完成。

其三，有利于强化学生参与学习活动的积极性和热情。强调以学生为主体的课堂教学过程中最显著的特色是有利于学生学习积极性的激发。在课堂上以学生为中心的原则将促进学生参与学习活动的兴趣和热情，使学生主动参与小组学习、课堂讨论、自主学习和教师提问等各种教学活动。

2.教师表现方面的特征

要在课堂中强调学生的主体性，需要教师做到以下几点。

（1）鼓励学生，并引导他们互相尊重。为了强调学生在课堂上的主体，教师要给学生一定的鼓励，激发学生参与学习活动的兴趣和热情，鼓励学生表达自己的观点和意见，促进学生之间的合作与交流，使课堂教学有更有趣的效果，同时充分尊重和肯定学生。

（2）有效调节学习活动的发展。强调学生的主体性课堂教学有利于教师合理地对学习活动进行监管，这体现在以下几个方面。

第一，确保学习活动可以围绕学习目标。在课堂教学中，强调学生的主体地位，教师应该根据实际需要提供表格、记录单等工具，从而确保学生能够依据一定的步骤完成学习任务，促进学习目标的实现。

第二，保障学习过程有序开展。课堂上强调学生的主体地位，有利于教师顺利地完成教学任务。进行课堂教学组织时，教师应该制订合理的教学计划，按计划实行，从而取得较好的教学效果。如果不可避免地出现突发情况时，教师需要灵活地调整学习活动，有效地引导学生按照学习计划开展学习活动，以确保学习目标的顺利实现。同时，教师还要把控整个课堂纪律，以便学习活动的顺利进行。

第三，根据学生的反应灵活调整教学。英语课堂教学中难免有一些和学习计划相背离的情况发生，若是教师充分重视学生的主体地位，则应该及时对教学计划进行调整和改进，灵活应对各种课堂突发情况。

第四，给学生提供明确的、合理的反馈。教师尊重学生的主体地位，能够更加重视学生的问题和疑惑，并予以正确对待，帮学生答疑解惑，让学生可以及时获得反馈。

3.课堂环境方面的特征

课堂教学中强调学生的主体地位，创建一个相对轻松、愉悦的课堂环境，将有利于学生自主学习、合作探究，并具有以下两个特点：

（1）物理硬件环境的布局，使学生有主人翁意识。当课堂教学以学生为中心，桌椅放置成圆桌的风格，有利于学生之间的合作和交流，加强学生的学习资源共享，对提升学习效果具有意义。同时，为了强调学生的主体地位，教室中的其他环节布置也应有所变化。

（2）丰富的学习资源和学习工具，有利于促进学生的学习。以学生为中心的课堂教学，有利于激发教师采用多种学习工具和学习资源，提高学生的学习效果，并将使用目标和使用方法传授给学生，有利于学习活动的顺利开展。

（二）以学生为中心开展教学的具体措施

学生是课堂学习的主体，主体是“人的知识和实践能力”。可以看出，学生可以学习，是因为他们是有一定的知识和实践能力的主体。在英语教学中，教师应让学生通过自己的感官获得课本中的各种信息，并学会比较、分析，综合和归纳这些信息，从外到内，抓住事物的本质，发现事物的内在联系，诱导事物的规律，建立科学的知识体系。在这个过程中，学生不仅学习了英语知识，培养了英语沟通能力，也培养了在学习过程中独立自主学习，并独立解决新问题的能力。由此可以看出，学生的学习过程就是要不断充实自己的主观世界，不断提高自身的内在过程。

1.尊重学生

教育顺利开展的一个重要前提是教师能够充分尊重学生的个体差异，如此才能让教师的教学活动更加具有针对性，从而促进学生身心的健康发展。因此，教师要获得较好的教学效果，必然要以尊重学生为基础。

（1）尊重学生个性的发展。目前，国家非常重视学生的素质教育，这是一种基于学生个性发展的教学目标。这两个是分不开的互动。因此，英语教学必须建立在素质教育基础之上，既要重视能力培养，也要重视德育意义。

英语教学过程中，以下两个原因会影响教师能否充分尊重学生的个性化发展需求。

第一，个性是素质教育的重要出发点。现代化社会的发展，使得各个领域对人才的需求有了新的变化，需要在教育中加强人才的品质教育，而传统的教育理念无法满足这一需求，为此，个性化教学应运而生，为新型人才培养奠定理论基础。

第二，个性倾向性影响个体的发展。人们的内在驱动源于个性倾向性，它也是组成个性发展的核心内容，并对学生的追求产生决定性作用。

（2）尊重学生的主体地位。英语课堂教学应充分尊重学生的主体地位。

教师的全部教学活动都是以学生为中心，其中也有刺激学生主体作用的积极意义，并对英语教学效果的提高创造了有利条件。

个性化教学需要以学生为中心，只有这样，教师才可以充分掌握学生的不同个性，激发学生的自主意识，促进学生综合素质的提高。

（3）尊重学生的自尊心。在人类的所有行为中，自尊心的渗透性最为强烈，会直接制约人们的各种行为。换言之，若人缺乏自尊心和自信心，认知和情感活动都难以取得效果。

2.培养学生的语言综合运用能力

教育领域对于语言综合运用能力的实质并未进行明确规定，需要基于英语教学目标的阐述，对语言综合运用能力实质进行理解和认识。

对学生的语言综合运用能力进行培养，也是国内英语教学的主要目标。随着学校阶段的不同，其英语教学目标也有所不同。但是，英语教学目标都是基于学校策略、语言知识、语言技能以及文化意识的培养之上，以此提升学生的语言综合运用水平。

由文化意识、技能、知识、情感态度、学校策略五个层面体现出学生的语言综合运用能力可知道，对学生的语言知识、语言技能、语言学习策略等能力的培养是教学的主要目标，还要树立学生的情感态度和文化意识。

（1）着眼于学生的全面发展。

学生语言综合运用能力包括技能、知识、情感态度、文化意识、学习策略五个方面。在教育过程中，既要重视培养学生的英语知识和技能，也要促进其文化意识、情感态度、学习策略的发展。英语教育的主要目标是促进学生的全面发展。学生全方位的提升是教师开展教学的目标。

英语教学要遵循以人为本的原则，为此，英语教学的主要目标不应局限于培养学生的语言知识和能力。英语教学既要培养学生的英语综合能力，也要对学生的精神世界进行关注，充分体现出教学中的人本主义，发挥学生的主体作用，让学生形成正确的价值观和人生观，而培养学生的社会责任感也是学生终身学习习惯产生的前提和基础。

第一，任何一个学生都具备独特的个性和特长，教师应该坚信学生的学习潜能是无限的，充分肯定学生的差异性。和以往不同的是，现在的学生个性更加突出，独立性更强，思考问题的角度也具有一定的独特性。英语教师必须首先与学生建立良好的师生关系，充分尊重学生，以有效地培养学生的英语综合能力，让学生主动参与教学活动，并将学习情况积极反馈给教师，这样也便于教师激发学生的内在潜能，了解学生的内心感受，从而促进英语教学效果的提升。

第二，教师要注意营造和谐、轻松的课堂教学氛围，在教学中充分尊重学生个性，关心爱护学生，加强与学生的合作和交流。因为教学在一定意义上是一种交际过程，和谐的课堂氛围有利于交际过程的顺利开展，甚至能够比一种好的教学方法更为重要。而和谐的课堂气氛是实行情感教学的最关键之处。

（2）主要目的是掌握语言技能。

语言教学的最终目的就是用这种语言进行交流，为此需要先掌握一定的语言技能。听、说、读、写技能的培养是语言技能培养的四个主要方面。

（3）不可忽视语言基础知识。

虽然英语教学的主要目标是促进学生对语言技能的掌握，但是并不代表可以忽视语言基础知识的作用。事实上，语言基础知识学习在一定程度上制约了学生语言综合运用能力的提升。英语教学的首要工作是进行语言输入，只有具备一定的语言基础知识，才能更好地进行语言技能的培养。因此，语言基础知识教学的作用不容忽视。

（4）重视学生的心理因素。

教师应该充分关注和了解学生的心理变化，为教学效果的提升创造有利条件。学生的心理素质在很大程度上制约着学习效果的提升。由此可见，从学生的全面发展来看，心理素质的影响不可小视。

（5）注重学习策略的培养。

学生对学习策略的掌握将影响其英语综合运用能力的提升，因此，对学生学习策略的培养也是教学中的一个重要问题。教师应该充分尊重学生的个性特征，使得学习策略的培养更加具有针对性和效率性。

3.培养学生的思辨思维

我国高校学生对于英语学习的目标和方向各不相同，大一、大二的学生侧重于学习英语基础词汇、短语、语法等基础性知识，以培养良好的英语学习方法为首要目的；大三、大四的学生则是在夯实英语基础的同时，继续深入学习专业知识，增强知识储备量，培养对中英文化差异的认知能力。英语专业的学生普遍拥有较高的认知能力，甚至远超英语教学大纲要求，因此，传统的英语学习并不有助于提高他们的思辨能力。

语言的学习是不同文化的学习，英语的学习是对英语国家文化的学习，帮助学生多角度打开思维和学习能力，体验世界各国文化，对比中外文化差异，拓宽学生判断问题的能力与角度，促使学生更好地看待本土文化和本国语言。

因此，只有广泛了解多国文化，深入学习各国人文思想，才能帮助学生理性客观地反思我国文化，认识到不同国家之间文化的差异。学生通过多元化的文化交流和文化学习，将其他国家好的文化思想进行吸纳和借取，摒弃不好的文化思想，充分发挥自身长处和独特性，最终建立起自己的文化素养和文化观点。

二、激发学生的学习动机

拥有强烈学习动机的学生，通常拥有明确的学习目标和高涨的学习热情，也更能在日常学习中克服困难，最终拥有令人羡慕的成绩。

（一）学习动机的类别划分

1.深层动机与表层动机

根据刺激—反应理论，将学习动机划分为深层动机与表层动机两大类。深层动机指学习者为了满足自己的兴趣、增加知识等深层次的非物质层面需要而刺激产生的动力；表层动机指为了获得高薪、文凭、好的工作等表面物质层面的需要而刺激产生的动力①。

不同的学习者拥有不同的学习动机和不同的学习目标。拥有深层动机的人对英语学习有着饱满的动力与热情，他们会对自身提出较高的学习要求和学习目标，并且采取非常全面、规律且合理的学习方法进行英语学习。拥有表层动机的学习者主要是为了表面物质的获取而临时产生对学习英语的渴望，他们会利用有限的时间进行学习。一旦相应的物质刺激和学习动机不再有，他们也会停止学习英语的步伐，这类学习者的学习要求普遍偏低。

2.内在动机与外在动机

英语学习还可由内在动机与外在动机决定。这两类动机，前者取决于对英语这门学科本身的求知欲，后者取决于外在因素的需要。拥有内在动机的学习者能够始终独立自主地学习英语，自发性地投入英语的学习过程，而不受任何外界因素干扰。因为他们自身对英语充满兴趣，愿意学习这门语言；拥有外在动机的学习者通常是被迫学习英语，出于外在因素的需求和外界压力的刺激，他们是被动性地开展英语学习。因此，两个动机有本质上的区别。

3.任务型动机与结果型动机

英语学习还能由任务型动机和结果型动机决定。前者指由完成不同任务而激发出来的学习动机，后者指由任务完成后取得的结果和成就激发出来的动机。任务型动机对于任务的提出有一定要求，学习者在每个阶段要接受不同的学习任务，不宜过难也不宜过于简单，这样才能有利于提升学习者对英语学习的兴趣。结果型动机是结果导向性的动机，学习者对英语学习的动机完全取决于最终将会带来怎样的结果。

① 贵洁婵.英语课章教学实施策略研究[D].长沙：湖南农业大学，2015：31-38.

（二）激发学生学习动机的具体措施

1.教师遵守教学原则

在教学过程中，教师激发学生的学习动力，一般要遵循六大教学原则。第一，培养学生学习动机，激发学生的学习热情；第二，尽量提高课堂质量或者教学素养，吸引学生的注意力；第三，掌握一定社交技巧和策略，合理使用管理手段；第四，鼓励学生在课堂上进行互动交流与合作，促进学生间互相学习；第五，以让学生能够欣赏、充分理解且将英语知识运用到实践中为最终教学目的；第六，高度重视学生对英语学习的期望和学习动机带来的价值。

2.树立学习自信心

自信心表现为个体对自身的评价、态度和认识，对外语学习有激励作用，是进步的基础和成功的动力，可以从六个方面树立学生的信心：①教师制订切实可行的、能够促进学生学业进步的教学计划；②帮助学生树立正确的学习目标，并认识到努力与成果之间的关联性；③为水平较低的学生提供额外帮助；④帮助学生正确对待失败综合征；⑤重视学习过程的评价和指导性的反馈；⑥帮助水平低的学生树立有适当挑战性的目标[①]。

3.激发学生外在动机

学生学习的外在动机，一般是源于外部环境因素，例如学生的家庭教育、学校的竞争氛围、教师和家长的期许以及社会众多因素等，都能给学生带来进步的动力。然而，这些外部环境因素带来的学习动机都不是长久的，容易动摇，因此，还要从其他方面加强学习动力。第一，对学生在学习上取得的进步进行表扬；第二，在学生的学习过程中多给予评价；第三，引导学生充分认识外语这门工具的价值和重要性；第四，为每位学生提供公平的竞争环境和合理的竞争机会。

4.激发学生内在动机

教师在教学实践中应该采取以激发学生学习的内在动机为主策略，才能长久地促进学生积极学习、自主学习，并且使学生从学习本身甚至长期的学习过程中收获成就感与满足感，始终满怀对学习的期许和兴趣。第一，教师应该培养学生

① 宋琳琳，张丽. 融合混合式教学改革大学英语精读课程[J]. 中国成人教育，2019，（19）：66-68.

提高自主学习的能力；第二，教师要在课堂上随时提供具备一定难度和技巧的学习任务，多角度满足学生的能力提升需求；第三，教师在课堂上开展需要合作才能完成的学习任务，让学生的归属感得到满足；第四，教师对教学活动的一切设计，以满足学生兴趣为前提条件；第五，教师要注重培养学生动手和动脑方面的能力。

5.满足学生个体需求

每个学生都有不同的喜好和需求，都有自己擅长的领域和感兴趣的方向，因为不同的家庭环境、教育背景、生活环境、社会等因素都有可能造就出学生的个体化差异。差异使得学生对学习的需求不尽相同。作为教师，要在最大程度上尽可能地满足每位学生的不同需求，让每位同学都能够发挥自身的特长与个性，在各自感兴趣的领域充分发挥作用。教师也要从长远利益上把控，以服从长远利益、规避眼前冲突为原则，充分满足学生个体需求。

第三节　英语教学平台的信息化

为了促进教学实施的顺利进行而采用各种软硬件设施，统称为教学平台。教学平台主要由教学实践场所，如教室、操场等传统场所和网络、电视等新型场所以及教材资源、教学设备、课程等组成。基于现代网络、通信以及数据库技术而成立的英语教学实践场所，称为信息化英语教学平台。

一、信息化背景下E-Learning教学平台的应用

（一）E-Learning教学平台的体系结构

E-Learning教学平台是基于互联网实现网络教学的必要条件，是建立在网络基础设施之上、用计算机网络编程实现的学习环境，它的后台是系统程序和被程序组织起来的数据库，前台是网页界面。从技术角度上讲，E-Learning教学平台

是一个基于数据库的信息管理、发布系统，并以提供教学服务为原则；用户通常分为讲授者、学习者和管理员；学习管理系统主要是存放以课程为单位的课件、试题库以及教学多媒体资源。

E-Learning教学平台是把文字、图形、影像、声音及其他多媒体教学软件的先进技术有机地融合在一起，利用网络讲座、电子邮件等信息技术进行教学，使得知识信息的传递方式和空间都有了极大拓展①。

E-Learning教学平台的系统架构，一般包括学习管理系统、虚拟教室工具、套装式在线教材、定制化在线教材、在线测验等模块。E-Learning教学平台的系统可分为五个部分：网上课程开发系统、网上教学支持系统、网上教学分析系统、网络教学资源管理系统和相关应用系统互操作接口。前四个部分分别完成网络课程开发、网络教学实施、网络教学分析、网络教育资源的管理和维护功能，第五个部分则用于解决网络教育开展过程中涉及的网络教育系统与其他相关应用系统的操作问题。

（二）E-Learning教学平台的特征

（1）知识的可重复性。E-Learning教学采用网络化教学模式，学习者通过在线学习，可以不受场地、时间的限制，在学习者可利用的学习时间内，自由调配学习资源进行碎片化学习，可随时对已学习内容进行复习巩固，解决课堂学习内容遗忘问题。

（2）知识的网络化。学习内容不再局限于书本，还包括相关的专业知识数据库等。知识体系在数据库作用下予以重新分类，必然导致学习内容的重新组合和规划，并产生新的学习方法和研究方法。

（3）学习的自由性。计算机用户端是学习的终端，学生可以根据自己的需求和进度进行学习，不再受传统学习顺序的影响，也不受传统的时间和空间限制，可以通过网络中的知识库或者和教员、学员之间的沟通和交流，及时解决学习中遇到的各种问题和疑惑。

（4）学习的可跟踪性。将学生的学习活动记录下来，以此作为对分析学习

① 刘春亮.大学英语多媒体信息化教学策略研究——评《基于网络多媒体的大学英语教学模式的研究》[J].中国科技论文，2020，15（02）：264.

需求和评估学习效果的依据。

(5)学习内容要持续更新、保持及时性。所有的知识内容(包括学习教材在内的各种学习资源)可以在第一时间保持更新，同时保证知识的一致性。

(三)E-Learning教学平台的具体应用

1.WebCT

WebCT是一套以网页为本的电子教学平台。从我国校园网和Internet使用的普遍性来看，外语教学可以WebCT为工具，运用ASP、NET、PHP、ASP、VRML等语言格式创建课程主页；可依托校园网站服务器建立单独的站点目录，配置IIS信息发布系统，建立Web站点，发布给学生，让他们上网学习。外语课程主页设有课程说明、教学大纲、教学进度表、主题学习任务、讨论、作业、成绩、评语、校历等栏目(环境)，设置各自内容。

运用WebCT营造课程网上学习环境，可推动学习过程中学生与网络、学生与学生、学生与教师的全面互动与合作，为学生的语言使用、问题探讨开辟交流、合作以及自主学习的平台。WebCT将成为学生课内外合作与自主学习的重要工具与导向①。

WebCT的主要作用是存储网络外语教学课件和教学资源，并提供交互工具，供师生交流和沟通。WebCT通过桌面模式进行环境设计，在这个通常受限的网络界面，工具是可利用和统一的。WebCT的主要特征在于具备的交互功能非常方便快捷，具备的素材组织和管理功能非常丰富，作业提交功能和测试评估工具非常完善，能够及时开展教学追踪和控制等，还能详细记录学生的学习情况、教师的答疑情况和疑难问题等。

2.Moodle

Moodle是目前比较流行的网络教学平台系统之一。“Moodle”一词是Modular Object—Oriented Dynamic Learning Environment的缩写，即模块化面向对象的动态学习环境，是一个用于建设基于Internet的课程和网站的软件包。Moodle是澳大利亚教师马丁·多格玛斯(Martin Dougiamas)基于建构主义教育理论而开发的网

① 李岱菊.现代信息技术在大学英语课程教学中的运用[J].轻合金加工技术，2020，48(1)：69

络课程管理系统，是一个免费开放源代码的软件，目前已得到广泛应用。

所谓网络课程管理系统，指为基于网络课程的教与学提供全面支持的软件系统，这类软件系统也称学习管理系统（LMS）或虚拟学习环境（VLE）。Moodle平台依据建构主义的教学思想，即教育者（教师）和学习者（学生）都是平等主体，在教学活动中，他们相互协作，并根据各自已有的经验共同建构知识。

Moodle是重要的虚拟学习环境创设软件包，其特征表现如下①。

（1）总体设计。Moodle均安装非常简单便捷，包括各种类别课程，系统安全性较高；具有风格简单、高效和统一的界面设计，对浏览技能没有特别高的要求。

（2）网站管理。网站管理者在安装时便可予以确定。管理者通过主题设置，可以调整和设置网站的颜色、版面以及字体大小，为了满足更多国家学习者的需要，还可设置各种活动模块和多种语言包。

（3）用户管理。用户在使用Moodle时可以先进行语言选择；可以指定自己的时区和数据；还可以帮助学生根据个人的描述、电子邮件以及照片等信息建立在线档案，根据用户需求显示。

若是学习者长时间不进入活动，进入时需要重新登录。为此，教师可以设置课程登录密码，以确保课程的安全性和稳定性。只有课程的相关建立者和教授者才能获知开设账户，学习者要创建登录账号并通过邮件认证后方能登录。

二、信息化背景下基于虚拟仿真技术的虚拟教室应用

虚拟仿真技术是20世纪末兴起的一门崭新的综合性信息技术，是发展到一定水平的计算机技术与思维科学相结合的产物。虚拟仿真技术主要采用计算机信息技术，生成逼真的触、听、视等一体化的现代高科技虚拟环境，使用者借助各类媒介设备，以自然方式与虚拟世界中的物体进行交互，是一种人与虚拟环境进行自然交互的人机界面。

虚拟仿真技术主要由计算机软件、硬件及辅助传感设备等组成，其特点是通过计算机可以产生一种虚拟场景，使用者可以在该场景内触摸、操作、检测周围环境、直接观察内部事物的变化，产生互动，让使用者产生一种身临其境的

① 王琦.信息技术环境下的外语教学研究[M].北京：中国社会科学出版社，2006.

感觉。

（一）虚拟教室的构成

虚拟教室是运用计算机技术、多媒体技术、数字压缩技术、网络通信技术等信息技术，将多学科、多领域融合交叉而形成的产物，是在计算机网络基础上，利用多媒体技术构建教与学的环境，可使身处异地的教师和学生相互听得到、看得见。

虚拟教室是以建构主义理论为基础，利用计算机多媒体技术、网络技术、现代通信技术等构建的数字化网络教育支撑平台，为教师和学生提供一个类似传统的教室，同时又不受时间、地点限制的网络教学环境。

虚拟教室不同于传统教育中的教室概念，不仅具备类似于传统教育的环境，而且是一种使学生身处学习对象中的逼真环境。例如，学习飞行器驾驶技术，虚拟课堂可以是飞行器驾驶室的模拟环境；学习解剖学时，虚拟课堂可以是在虚拟医院。虚拟课堂甚至可以使学习者身临超越现实时空的学习环境，如探索星系时的虚拟课堂是虚拟太空，研究分子原子结构时的虚拟课堂是在虚拟微观世界中①。

虚拟教室系统根据功能可分为三个组成部分：使用者部件、控制中心以及教学资源库。

（二）虚拟教室在英语教学中的应用

1.虚拟教室在英语课堂教学的应用

为了满足教育改革方针需求，目前高校教学模式主要遵循学生为主、教师为辅的原则。英语课堂也越来越多地利用各种高新技术，如多媒体的运用基本上已经成为普遍现象。目前，部分高校教学也创建了虚拟教室，有利于将学生带入真实的语言情境中，让学生通过虚拟技术和自己的偶像、明星以及伟人等直面交流和沟通，让学生能够真实地感受到英语所带来的成就感，也能深刻体会到英语的魅力所在。

① 莫英.信息化背景下大学英语教学改革与创新思维[M].成都：四川大学出版社，2018.

2.虚拟教室在英语实践教学的应用

目前还有很多高校在英语教学中大量采用传统的教学模式，填鸭式的教学方法屡见不鲜，往往忽视学生英语综合运用能力的培养。虽然一些高校也对多媒体教学模式有所了解并予以引进，但是在英语课堂教学中运用得却比较少，学生外出实践也非常缺乏。因此，需要加强英语教学中的虚拟教室利用程度，这将对学生的户外实践能力提升具有重要意义。

第三章　学习方式的概念及转变

第一节　学习与学习方式概述

一、学习方式的概念和分类

（一）学习方式的概念

学习方式（learning approach 或learning style）是当代教育理论研究中的一个重要概念，目前学术界对它的解释并不完全一样。学习方式是指学生在教学活动中的参与方式，既包括学生的行为参与、情感参与，又包括认知参与。显然，纽曼把学生的学习方式视为一个组合概念，是行为参与、情感参与、认知参与及社会化参与的有机结合。因此，学习方式的转变，意味着要改变学生的学习态度、学习意识和学习习惯品质。

目前大多教学者认为，学习方式是指学生在完成学习任务过程中的基本行为和认知的取向。学习方式较之学习方法是更为上位的东西。学习方式是人们在学习时所具有或偏爱的方式，即学习者在研究解决其学习任务时所表现出来的具有个人特色的方式。它是学习者持续一贯表现出来的学习策略和学习倾向的总和。它不仅包括学习方法、学习策略、学习手段等方法和技术层面的外在表现，还包括学习态度、学习品质等智慧和性格层面的内在品质。

学习方式不同于具体的学习策略和方法。学习策略是指学习者为完成学习任务或实现学习目的而采取的一系列步骤，其中某一特定步骤称为学习方法。例如，有的学生倾向于借助具体形象进行记忆和思考，有的学生偏爱运用概念进行分析、判断和推理；有的学生善于运用视觉通道（读与看），有的学生倾向于运用听觉通道（如听讲、听广播），也有的学生喜欢运用动觉通道（动手做一做或自己说一遍）。

学习倾向包括学习情绪、态度、动机、坚持性以及对学习环境、学习内容等方面的偏爱。比如，有的学生必须在绝对安静的环境中才能专心学习，而有的学生却喜欢在音乐的陪伴下学习，还有的学生能够在嘈杂的环境中有效地工作和学习，有的学生为获取家长许诺的奖励而学习，有的学生却能够从学习的过程中感受到乐趣，有的学生喜欢在竞争中学习，也有的学生偏爱合作学习。

（二）学习方式的分类

对于学生的学习方式，可以从不同的角度进行划分。最常见的是按学习进行的形式，可分为接受学习和发现学习。在接受学习中，学习内容是以定论的形式直接呈现出来的，学生是知识的接受者。在发现学习中，学习内容是以问题形式间接呈现出来的，学生是知识的发现者。发现学习与探究学习、研究性学习在性质上都是一样的，相对于接受学习来说，它们只是在适用范围和层次上有一定的区别。

学习也可以根据学习者对整个学习过程的控制程度划分为自主学习和他主学习。自主学习一般是指个体自觉确定学习目标、制订学习计划、选择学习方法、监控学习过程、评价学习结果的学习，它体现了人的主体性、能动性、独立性的一面。他主学习则与之相反，体现人的客体性、受动性、依赖性的一面。

学习还可以根据新旧知识经验相互作用的情况划分为意义学习和机械学习。所谓意义学习即我们通常所说的在理解基础上进行的学习，意味着新旧知识经验的相互作用和整合。而机械学习就是我们通常所说的死记硬背式的学习，在这种学习过程中，因为学习者自身或学习材料的原因，学习者无法达成对学习材料的理解，而学习材料也无法产生其心理意义。

此外，就组织形式而言，学习又可以划分为独立学习与合作学习。合作学习是指学习者为了完成某些共同任务，在明确责任分工的基础上以小组或团队的形式进行的学习。独立学习则是指由个体独立进行的学习。

二、辩证看待各种学习方式

（一）不同学习方式之间的关系

对于上述学习方式的划分，我们分类的角度和依据的标准并不相同，相应地，不同类别的学习方式之间不应该、也不会存在什么对应关系。上述任何一种学习方式与其他学习方式之间都是一种交叉关系，在不同学习方式之间画等号的观点是错误的。例如，自主学习并不等同于意义学习或机械学习，也不等同于接受学习或发现学习，更不等同于独立学习或合作学习。同样的道理，接受学习并不一定是机械学习或他主学习，发现学习也并不一定就是意义学习或自主学习。

（二）不同学习方式与学习的有效性

上述任何一种学习方式都是客观存在的，也都有其存在的合理性。我们必须认识到：新课程倡导“主动、探究、合作”的学习方式，并不意味着只有自主学习、探究学习或合作学习才是有效的学习。我们不能简单地肯定一种学习而否定另一种学习，更不能武断地下结论说所有有效的学习都是自主学习或其他某种类型的学习。学生的学习应因时、因地、因人制宜，而并不存在固定不变的唯一有效的学习方式。即便是绝大多数人一直持否定态度的机械学习，在有些情况下对促进学生的身心发展也是有效的和必要的，而不是仅能用以应付考试和作业。学生的年龄越小，他们已有的知识经验越少，学习过程中对新知识理解的余地越小，那么意义学习的比重就越小，其学习中机械的成分就越多。但我们不能就此断定这是无效的学习。

（三）关于“主动、探究、合作”的学习方式

我们过去的学校教育中存在一些弊端：课程实施过于强调接受学习、死记硬背、机械训练。实践中的这些做法导致学生的主体性、能动性、独立性不能得到充分的发挥，扼杀了学生的创新精神和实践能力。改变这种现状的办法只有一个，即倡导“主动、探究、合作”的学习方式，引导学生主动参与、乐于探究、勤于动手，培养学生搜集和处理信息的能力、获取新知识的能力、分析和解决问题的能力以及交流与合作的能力。但是，改革不能走极端，倡导“主动、探究、合作”的学习方式并不意味着对其他学习方式的彻底否定，我们谋求的是不同学

习方式之间的平衡，寻求的是不同学习方式之间的一种最佳协合状态，以求更好地促进学生的发展。强调主动学习是针对学生过去过分被动的学习而言的。它强调学习者要有学习的动力，学习活动应基于强烈的学习兴趣、动机或对学习意义的深刻认识。

主动学习应该是探究、合作学习或一切有意义的学习的前提。强调探究学习是针对过去被动接受的学习而言的，旨在通过让学生亲历并体验探究过程，使他们能在深入思考和交流讨论中获得感悟与深入理解，但它并不排斥探究以外的学习方式。强调合作学习是针对学生过去学习中缺乏合作而言的。在教育实践中应强调合作与独立并重，合作应以独立为基础，既要培养学生的合作精神和合作的技能技巧，又要培养学生的独立思考能力。

学习方式非常重要，它决定了一个人的思维方式，最后会成为一个人的生活方式。对“主动、探究、合作”学习方式的倡导充分体现了“以人为本”的思想，着眼于学生的充分发展。实际上，新的学习方式不仅会对学生的发展产生影响，也会对教师的发展产生不可估量的影响，因为学生学习方式的转变是以教师教学行为的转变为前提的。

（四）正确理解“接受学习”

我们在提倡自主、合作、探究的学习方式的同时，并不意味着要完全放弃接受学习。接受学习现在和以后也仍然有存在的意义和价值。

以听讲、记忆、模仿、练习等为特征的接受学习，主要作用在于引导学生在尽可能短的时间内获得尽可能多的知识和技能，它并不必然导致学习过程的枯燥与机械。在中小学课程中，有许多陈述性的、事实性的知识，运用接受学习的方式更为有效。接受学习既有其优点，也有其缺点。它的学习内容是以定论的形式直接呈现出来的，学生是知识的接受者。这就意味着，接受学习有其强调接受和掌握的被动的一面。长期且过于强调单一的接受学习，其结果必然导致人的主体性、能动性、独立性的不断消失，冷落和忽视发现与探究。对学生来说，长时间的学校生活，如果主要以听讲、记忆、模仿、练习等方式学习的话，就不可能指望他们能够独立思考、富有个性、充满自信或具有强烈的社会责任感。

我们应该改变这种状态，引导学生理解知识的意义，发展创造性，形成积极的学习态度和正确的价值观，把自主、合作、探究这些对人的成长很重要但曾经被忽略的东西凸显出来，变成教师的自觉追求，从而使学生的学习过程更多地成为其发现问题、提出问题、分析问题和解决问题的过程。即使是采用接受学习方式，也要尽力把这样的学习变得有意义、有价值。不要消极、机械，尽量减少它的负面影响，避免挫伤、损害学生的好奇心和探究欲望。尤其是要创造一个安全、良好的课堂氛围，师生平等、民主地进行对话，让学生在愉悦、积极的心态中接受新知识。

三、现代学习方式的特征

转变学习方式从根本上说，就是要从传统学习方式转向现代学习方式。但现代学习方式不是特指某一具体的方式或几种方式的总和，从本质上讲，现代学习方式是以弘扬人的主体性为宗旨、以促进人的可持续性发展为目的，由许多具体方式构成的多维度、具有不同层次结构的开放系统。认识和把握现代学习方式的本质特征是我们创造性地引导和帮助学生进行主动的、富有个性的学习的重要保证。一般来说，现代学习方式具有以下六个特征。

（一）主动性

主动性是现代学习方式的首要特征，它对应于传统学习方式的被动性，二者在学生的具体学习活动中表现为：我要学和要我学。“我要学”是基于学生对学习的一种内在需要，“要我学”则是基于外在的诱因和强制。学生学习的内在需要一方面表现为学习兴趣。兴趣有直接或间接之分，直接兴趣指向过程本身，间接兴趣指向活动结果。学生有了学习兴趣，特别是直接兴趣，学习活动对他来说就不是一种负担，而是一种享受、一种愉快的体验，这样学生会越学越想学、越爱学，学习也会事半功倍。相反，如果学生对学习不感兴趣，情况就大相径庭了，学生在被逼迫的状态下被动地学习，学习的效果必定是事倍功半。需要另一方面表现为学习责任。学习是谁的事情？谁应当对学习承担责任？教师当然应该对学生的学习负责，但是如果学生自己意识不到学习的责任，不能把学习跟自己的生活、生命、成长、发展有机联系起来，这种学习就不是真正的自我学习。只有当学习的责任真正地从教师身上转移到学生身上、学生自觉地担负起学习的责任时，学生的学习才是一种真正的、有意义的学习。

（二）独立性

独立性是现代学习方式的核心特征，它对应于传统学习方式的依赖性。如果说主动性表现为“我要学”，那么独立性则表现为“我能学”。每个学生，除有特殊原因外，都有相当强的潜在的和显在的独立学习能力。而且每个学生同时都有一种独立的要求，都有一种表现自己独立学习能力的欲望，他们在学校的整个学习过程也就是一个争取独立和日益独立的过程。低估、漠视学生的独立学习能力，忽视、压制学生的独立要求，则会导致学生独立性的不断丧失，这就是传统教学的弊端。教师应充分尊重学生的独立性，积极鼓励并创造各种机会让学生独立学习，从而让其发挥自己的独立性，培养其独立学习的能力。值得强调的是，对待学生的独立性和独立学习，还要有一种动态发展的观点，从教与学的关系来说，整个教学过程是一个“从教到学”的转化过程，也即从依赖到独立的过程。在这个过程中，教师的作用不断转化为学生的独立学习能力；随着学生独立学习能力的由弱到强、由小到大的增长和提高，教师的作用在量上也就发生了相反的变化，最后是学生基本甚至完全独立。

（三）独特性

每个学生都有自己独特的内心世界、精神世界和内在感受，有着不同于他人的观察、思考和解决问题的方式。也就是说，学生有着独特的个性，每个学生的学习方式本质上都是其独特个性的体现。实际上，有效的学习方式都是个性化的，没有放之四海皆有效的统一方式，对某个学生有效的方式，对他人却未必如此。正如多元智力理论所指出的，每个人的智慧类型不一样，每个人的思考方式、学习需要、学习优势、学习风格也不一样，因此，每个人的具体学习方式是不同的。这意味着我们要提倡转变学习方式，尊重每一个学生的独特个性和具体生活，为每个学生富有个性的发展创造空间。独特性因此成为现代学习方式的重要特征。

独特性同时也意味着差异性，学生的学习客观上存在个体差异，不同的学生在学习同一内容时，实际具备的认知基础和情感准备以及学习能力倾向不同，决定了不同的学生对同样的内容、任务的学习速度和掌握所需要的时间及所需要的帮助不同。传统教学忽视学生学习的个体差异，要求所有学生在同样的时间内、运用同样的学习条件、以同样的学习速度掌握同样的学习内容，并要求达到同样的学习水平和质量。这种“一刀切”“一锅煮”的做法，致使很多学生的学习不是从自己现有的基础出发，结果导致有些学生“吃不饱”，有些学生“吃不了”，有些学生根本不知从何“入口”。现代学习方式尊重学生的差异，并把它视为一种亟待开发和利用的教育教学资源，努力实现学生学习的个体化和教师指导的针对性。

（四）问题性

问题是科学研究的出发点，是开启任何一门学科的钥匙。没有问题就不会有解释问题和解决问题的思想、方法和知识，所以说，问题是思想方法、知识积累和发展的逻辑力量，是生长新思想、新方法、新知识的种子。学生学习同样必须重视问题的作用。现代教学论研究指出，从本质上讲，感知不是学习产生的根本原因（尽管学生学习是需要感知的），产生学习的根本原因是问题。没有问题，就难以诱发和激起求知欲，没有问题，就感觉不到问题的存在，学生也就不会去深入思考，而学习也就只能是表层和形式的。所以，现代学习方式特别强调问题在学习活动中的重要性。一方面，强调通过问题来进行学习，把问题看作学习的动力、起点和贯穿学习过程的主线；另一方面，通过学习来生成问题，把学习过程看成发现问题、提出问题、分析问题和解决问题的过程。这里需要特别强调的是问题意识的形成和培养。问题意识是指问题成为学生感知和思维的对象，从而在学生心里造成一种悬而未决但又必须解决的求知状态。问题意识会激发学生强烈的学习愿望，从而使其注意力高度集中，积极主动地投入学习；问题意识还可以激发学生勇于探索、创造和追求真理的科学精神。没有强烈的问题意识，就不可能激发学生认识的冲动性和思维的活跃性，更不可能激发学生的求异思维和创造性思维。总之，问题意识是学生进行学习，特别是发现性学习、研究性学习的重要心理因素。

（五）合作性

合作是现代人必须具备的基本品德。在学习的过程中有意识地培养学生的合作精神和合作能力，不仅是解决学习问题的需要，也是学生走向社会成为合格的社会公民的需要。学习的合作性一方面表现为遇到个人难以解决的问题，需要同学之间相互帮助来解决；另一方面，在相互合作的过程中，让学生体验到人与人之间的依赖性和帮助性，合理分工，共同为目标奋斗，有助于提高学习和工作的效率，有助于增强同学之间的感情。

（六）体验性

体验是指由身体性活动与直接经验而产生的感情和意识。体验使学习进入生命领域，因为有了体验，知识的学习不再是仅仅属于认知、理性范畴，它已扩展到情感、生理和人格等领域，从而使学习过程不仅是知识增长的过程，同时也是身心和人格健全发展的过程。体验性是现代学习方式的突出特征，在实际的学习活动中，它表现为：

第一，强调身体性参与。学习不仅要用自己的脑子思考，而且要用自己的眼睛看，用自己的耳朵听，用自己的嘴说话，用自己的手操作，即用自己的身体去亲自经历，用自己的心灵去亲自感悟。这不仅是理解知识的需要，更是激发学生生命活力、促进学生生命成长的需要。基于此，应特别强调学生参与，强调“活动”，强调“操作”，强调“实践”，强调“考察”，强调“调查”，强调“探究”，强调“经历”。

第二，重视直接经验。重视直接经验，从课程上讲，就是要把学生的个人知识、直接经验、生活世界看成重要的课程资源。从教学角度讲，就是要鼓励学生对教科书的自我解读、自我理解，尊重学生的个人感受和独特见解，使学习过程成为一个富有个性的过程。从学习角度来说，就是要把直接经验的改造、发展作为学习的重要目的，间接经验要整合、转化为学生的直接经验，成为学生素质的有机组成部分，否则，就会失去其教育意义。

显然，上述六个特性不是截然分开的，而是相互联系、相互包含的，它们虽是从不同的角度提出的，却是一个有机的整体。我们必须从整体的高度来全面把握现代学习方式的精神实质，才能有效地促进学生学习方式的转变。

第二节　信息时代学习方式的新转变

人类学习方式的演变发展有三个里程碑：文字的出现、印刷术的产生、信息时代的到来。信息时代的今天，国际化程度越来越高，学生学习方式有了新的变化，网络已经成为生活中不可或缺的一部分，网上冲浪、多媒体教学学习成为常态。

一、从图书馆查阅到互联网搜索

网络时代最为重要的变化是获得信息的途径的变化，网络传播学者认为正是这一变化直接影响人们的学习、生活本身。学生获得考前复习的资料、完成作业的素材、准备撰写毕业论文的参考文献大多不是在图书馆，而是在寝室利用互联网在图书馆数据库、网站、论坛里直接搜索而来。这一转变为学生学习带来了至少以下三个方面的影响。

（一）拷贝文字对学生创新能力的影响

由于计算机编写文体的便利性以及网络的海量信息，学生在完成课后作业以及课程论文时广泛地使用拷贝文字组建成篇的方法，这种现象非常普遍，甚至教师批阅学生作业时经常发现存有灰色背景、字体混乱、简单格式错误。在学术界已经广泛使用的“查重”软件就是应对过多抄袭事件对整个学界的负面影响，而在大学教学中相对而言惩罚抄袭行为过轻。直接拷贝加上简单组合的方式会造成学生应付教师的课后作业，不仅影响教学效果，也促使学生进一步养成上网复制综合成文的方式，不会对需掌握的知识有深度了解，更不会在学习过程中产生“问题”，而在问题的指引下自发地进行学习。因而这样的“学习过程”是难以激发学生的创新能力。

值得注意的是学生“直接拷贝”的学习方法对创新能力存在负面影响，但并不是说学生没有创新意识，结果恰恰相反，任何时期下青年人群都具有不可低估的求新和创新心理势能。但纵观这两年网络流行的“淘宝体”“咆哮体”“甄嬛体”，都曾热闹纷繁但也都很快烟消云散，究其原因笔者认为有两个方面：第一，创新来源的根基不够，虽然形式新颖、吸引眼球、引起跟风，但终究限于一时流行而并未展现出足够的文化底蕴；第二，够“新”但不够“创”，与“拷贝而成文章”的思路相同，网络上直接拿来现成的稍加改动即引起大批跟风创作者，这种流行快餐文化的实质也就是学生运用网络学习中“拷贝成文”现象的深层原因。正如尼古拉斯卡尔所担心的一样：“当我们依赖网络获取信息时，思考力和创造力就会衰退，并因此变得浅薄。”学生受到这种互联网浮躁之风影响，势必影响创新能力的增长。

（二）读图认知对学生文字使用能力的影响

随着电脑与网络技术的发展，可以迅速在网页上直接阅览高清图片，可以说互联网技术推动了大众对图像的阅读，而越来越多的“有图可证”和“由图可知”的视觉追求进一步促使互联网走进“读图时代”，呈现“大众化、流行化、普及化和娱乐化”特征，给人以“世界被把握为图像”的感觉。学生受此影响，倾向于直观、简洁、清晰的图片认知而逐渐疏离经典而深刻的文字，不仅会对不常用的汉字无法辨识，甚至常见字也可能提笔忘字，更加之网络交流和文字编辑使用的拼音输入法，这样对使用汉字能力势必造成深远的负面影响。庆幸的是有关学者和传媒也注意到这一严峻的发展势头，中央电视台开设的《汉字英雄》听写竞赛栏目就是对此反思后的举措。

读图方式不断流行并未能引起学者的广泛关注是因为有人坚持认为图像和文字的阅读都需要思考，不是文字阅读就是抽象与深刻，而图像阅读就代表着形象与浅显。对于大众而言，读图即使有些快餐化，但仍能获得知识，适合生活快节奏的人们进行阅览。但学生也热衷于“一次性消费的文化快餐”，没有获得文字阅读的思考拷问和审美想象，则会“严重制约学生的人文素质的提高”。在快节奏、高速发展的今天仍鼓励大众去读原著、读经典，而大学则更有理由引导学生从娱乐与休闲型阅读回到原著中去找寻原意，从而提高自身的文字使用能力。

（三）浅快阅读对学生思维逻辑能力的影响

福楼拜曾说："阅读是为了活着。"阅读作为苏霍姆林斯基总结的五大学习技能之一，理应受到足够注重。随着网络的普及以及阅读习惯的改变，有学者认为中国进入了"浅阅读"时代，即"从文字阅读走向视觉阅读，从知识阅读走向娱乐阅读，从纸媒阅读走向网络阅读"。而针对学生情况，为完成学业以及拓宽知识而进行的阅读主要呈现"浅"和"快"的特点，"浅尝辄止"式的阅读曾在学生阅读调查中被发现并引起有些学者的注意，而学生为完成每一个课程或兴趣使然进行的阅读主要体现出时间上的集中、不查阅相关文献进行比较、快速一过性的特点。这种跳跃式、快速、浅度的阅读方式无法培养学生严谨的思维逻辑能力，也不利于对科学精神特别是批判性思维的培养。想让学生阅读向"知识型、研究型"方向发展，必定要更加注重文本阅读而不能过多依赖纯信息的网络，更不能因为功利性学习态度采用浅快的阅读方式。

二、从现实的讨论到虚拟的交流

由于网络交往的"平等性、匿名性、间接性、超时空性"，利用网络工具进行人际交往成为学生首选的方式，并开始影响其学习方式。学生学习方面的问题多利用即时通信传递文件、讨论与分析，不在现实世界中面对面进行交流。首先这样快捷方便的交流方式更能突破空间、时间的限定，提高讨论问题的效率，是网络带来的巨大变化。网络课程资源如此丰富，学生可以获取世界任何上网的优质课程教学视频，学生完全可以在虚拟环境下进行讨论，但是现实教学的意义并未被质疑，课堂也并未被网络取代，是因为现实教学中具有的人际传播意义是纸质传播和网络新媒体传播所无法替代的。在人际传播过程中传递的不仅是说话的内容，还有很重要的由身体语言、语气、语调传递的信息，心理学家艾伯特·梅拉比安的研究证明，人与人交流，"7%靠语言，38%靠声音，而55%则都是靠身体语言"，这是网络交流中文字表达以及图片表情无法达到的。

三、从找寻信息到辨别信息

相对于网络硬件使用差异的"第一鸿沟"，使用网络能力的差异被称为"第二鸿沟"，上述讨论的网络使用对学生学习方式的负面影响实际上都可以归为使用网络能力方面。作为新媒体的网络正是弥补了传统媒体所欠缺之处而逐渐被大众接受并得到迅速发展，传播学者甚至曾不无惊叹地认为是网络推进了麦克卢汉“地球村”预言的实现速度，网络是未来媒介发展的主力军。但是势不可当的网络并没有成为传统媒介尤其是纸质媒体的“终结号”，因为纸质媒体蕴含着网络无法替代的优势，纸质资料给予的知识更加系统、更加完备，也具有一定深度，有利于学生进行专业性知识的学习。

学生运用网络进行学习时，可在网络上直接搜索，获得成千上万的相关网页链接，利用超链接功能瞬间即可获得一个网站的浏览结果，这比传统的查找资料的方式显然更能节约寻找的时间。但是面对海量信息的网络却需要辨别哪一条才是有用的信息，在这个环节上往往会浪费更多的时间和精力成本。另外，虽然网络上获取信息是免费的，但是网站为了生存往往会在界面上加推广告和其他信息的链接，无形中会造成搜索的难度。

四、多媒体教学学习

基于网络技术应用的多媒体教学，即计算机辅助教学（Computer Assisted Instruction，即CAI），指利用多媒体计算机综合处理和控制符号、语言、文字、声音、图形、图像、影像等多种媒体信息，把多媒体的各个要素按教学要求进行有机组合并通过屏幕或投影机投影显示出来，同时按需要加上声音的配合，以及使用者与计算机之间的人机交互操作，融交互性、集成性、可控性等特点于一身。多媒体教学图文并茂、灵活生动，改变了传统的教学方式，有助于学生接受新知识，学生喜闻乐见，大多数学生对多媒体教学持赞成的态度。然而，另一方面，也有一些学生认为多媒体教学没有太大用途，甚至限制了学生的思维。

多媒体教学具有传统教学所不能比拟的优越性，这一点毋庸多言。然而，怎样做到多媒体与教学科学有机地结合并发挥其最大效能，避免或消除它的消极作用呢？学生有着自己的看法和期待。走访中，同学们倾诉了对多媒体教学的看法。首先，多媒体教学在语言、态势等表达方式上有一定的局限性。有的教师在授课时，只忙于坐在电脑前点鼠标，忽视了师生之间的情感交流。从心理学的角度看，学生在学习过程中一般有两个心理过程：一是认知过程，二是情感过程。若单纯强调某一过程，只会事倍功半。其次，课件不尽如人意。由于教师工作量大，备课时间紧，在制作多媒体课件方面需要花费的精力难以保证，疲于应付下的作品界面与流程过于单调呆板，有的甚至只是简单地把所讲内容的提纲展现在大屏幕上。再次，教学设备维护不到位。多媒体设备是由计算机、投影机、音响系统和网络系统等多种高科技设备组合起来的，如果使用不当或保养不到位，则经常会遭遇计算机病毒侵袭、音响故障频出等，影响正常的教学秩序。对多媒体教学这把双刃剑，同学们的喜爱远远超于批判，这就要求我们要从实际出发，根据学生接受知识的客观规律，正确看待其利弊，努力做到扬长避短，不断探索优化教学过程的新措施，总结出最有效的使用方法，进而提高教学效果。

第三节　学习方式对学生成长成才的影响

学习是一种社会性活动，学习方式从根本上说是人的思维方式、生活方式的反映。作为学习方式的重要组成部分，学习目的、学习态度、学习方法等，无不对学生的成长成才产生影响。

一、学习目的的影响

学习目的是学生根据自身的需要，借助意识、观念的中介作用，预先设想的行为目标和结果。作为观念形态，学习目的反映了学生对学习这一客观事物的实践关系。学生的学习实践活动以目的为依据，目的贯穿学习实践过程的始终，对学生成长成才产生深远影响。

（一）影响学生的学习兴趣

对所学专业没兴趣的学生恰是那些学习目的不清楚的学生。学生对学习目的的认识越深刻，他们的学习兴趣就会越强烈，学习积极性就越高。

具有明确学习目的的学生，其学习动机是积极的，求知欲望是强烈的。即使学生对某些学习内容缺乏直接兴趣时，也会出于对国家、对社会、对学校的现状的认识而产生间接兴趣，这种间接兴趣在长期的刻苦学习过程中又会转化为直接兴趣。

（二）影响学生的发展水平

刚进大学时，学生智力、学历、所处环境等客观条件都差不多。然而，四年的学习生活却能使学生们拉开很大的距离。这就是学习目的的影响结果。

明确的学习目的和强烈的动机可以驱使学生超越诸多困境，无须扬鞭自奋蹄。用简单的知识来说，两点之间，直线最短。假设以相同的速度行进，如果一个人看到明确的目标，他就会努力以直线前进，而很快到达他的目的地；如果一个人没有看到目标，他就会像在浩瀚的沙漠中完全凭着感觉在摸索，曲折前行，而且最终可能发现，自己又回到了起点，或经过多年的辛勤努力后，两手空空，一无所获。学习目的就像分水岭一样，轻而易举地把资质相似的学生分成多数的佼佼者和少数的平庸之辈。佼佼者“我的学习我做主”，平庸之辈却“随波逐流虚度美好的生活”。

二、学习态度的影响

学习态度，是学生在自身道德观和价值观基础上对学习及其学习情境所表现出来的一种比较稳定的心理倾向，由认识、情感和意向三种心理成分构成。学习态度的三种心理成分协调作用于学生的学习过程，影响学生的学习意志、学习行为和学习效果等。

（一）影响学生的学习意志

学习是一种有意识、有目的、有理性的主动行为，推动其深入的力量是自身的，意志一旦形成，将成为永恒的内驱力。学生的学习意志与他们的学习态度密切相关。对所学专业非常感兴趣和比较感兴趣的学生认为学习有意义，当他们在学习中遇到这样或那样的困难与阻力，即遇到挫折时，就会产生一种自我控制的意志的力量。这是一种仰之弥高、钻之弥坚的狠劲，是锲而不舍的恒心，是“为伊消得人憔悴，衣带渐宽终不悔”的痴心，是“不破楼兰终不还”的决心，掌握了意志力量的学生表现出吃苦耐劳、百折不挠和勇往直前的精神和求知的自觉性、探索的顽强性。相反，对所学专业不太感兴趣和没兴趣的学生发现不了学习的魅力，一旦在学习中遭受失败，意志力就会降到低点，往往表现出灰心丧气，甚至一蹶不振。对所学专业兴趣一般的学生则表现平平。

（二）调节学生的学习行为

学生的学习态度对他们的学习行为具有调节作用。一方面，这种调节作用表现在学生对学习对象的选择上。在“除了本专业的知识外，课外最喜欢读哪方面书刊”的调查中，与学生既存态度相吻合的材料，容易被吸收、同化、记忆，而与学生的信念、价值观违背的材料，则容易被阻止或歪曲。由此可见，态度具有某种过滤的作用。另一方面，学习态度调节学习行为，还表现在学生对学习环境（包括学术环境、实用环境和人际环境）的反应上。当学生在学习态度与学习环境上保持一致时，就积极努力地学习，主动地利用学习环境作为自身发展的重要资源。但如果有些学生由于某些原因对学习环境产生不良态度时，则会回避学习环境并产生不利于学习的不良行为，如厌学、逃课等。

（三）影响学生的学习效果

学生的学习态度不仅直接影响学习行为，而且还直接影响学习成绩。积极的学习态度对学习有明显的促进作用。能正确对待学习、学习态度积极向上的学生，上课注意听讲，按时完成作业，课余时间安排科学合理，把学习演奏成学校生活的主旋律，学习成绩优良，能力素质协调发展。相反，那些对学习不感兴趣、认为学习无用的学生，课堂行为问题多，业余生活稀里糊涂，学习成绩也差。学生学习态度的好坏与其学习效果密切相关。在学校情境里，如果其他条件基本相等，学习态度好的学生，其学习效果总是远胜于学习态度差的。

三、学习方法的影响

正确的方法是成功的捷径。学生进入大学后碰到的一个普遍问题，就是学习方法的不适应。可以说，谁能最快适应大学学习方法，谁就能尽快适应学校生活。可见，学习方法对学生成长成才的影响之大。

学习方法并没有统一的规定，因个人条件不同，选取的方法也不同。为了深入了解学习方法与学生学习成绩的关系，笔者随机查阅了部分代表性学生的成绩登记表，并与其中的一些学生取得了电话或者网络联系。调查发现，不同的学习方法各有千秋。

（一）探究性学习的影响

学生在学习阶段多参与科研活动，是培养创造力的有效途径，它有助于加深对知识的理解和应用，也有利于创造习惯和创造能力的培养。这就是探究性学习对学生的影响，即让学生主动地去探索、发现和体验，学会对信息进行收集、分析和判断，去获取知识、应用知识、解决问题，从而增强思考力和创造力，培养创新精神和实践能力。

（二）合作性学习的影响

合作性学习是合作认知、合作情感、合作技能与合作行为在学习过程中的具体表现与运用。而合作是人类相互作用的基本形式之一，是人类社会赖以存在和发展的重要动力。合作性学习能促进智力放大、思维共振、提高学习效率，同时，在学习知识、锻炼能力的过程中，有助于学生合作精神和团体意识的培养，促进学生智力和非智力素质的和谐发展。

（三）体验性学习的影响

体验性学习使学生通过反复观察、实践、练习，对情感、行为、事物内省体察，最终认识到某些可以言说或不能言说的知识，掌握某些技能，养成某些行为习惯，以至形成某些情感、态度、观念，让学生充分地思考与体验自己的认知活动，唤起高度的情感，有效地维持、监控和调节学习行为，有效地增进学生的发展。

（四）交往性学习的影响

集体的力量是不容忽视的。交往性学习是学生在实践的基础上，通过学习客体进行知识、情感、态度、信念的交流与对话，从而形成相互理解与非强迫性共识的行为。在日常的交往过程中，通过互动交流，大家相互鼓励、雁阵齐飞，这正体现了交往性学习对学生成长的重要影响。

（五）自主性学习的影响

不管是在哪方面学有所成的学生，他们在学习方法方面都有一个共同点，即都很注重自主性学习。他们通常通过多种手段和途径，进行有目的、有选择的学习，学习成绩较为优秀。独立自主的学习意识是人天生的一种把个体推向生活和事业成功、把社会推向发展进步的能动力量。但是，只有掌握了自主性学习方法的学生才能把这种力量转化为前进的推力。俗话说："授人以鱼不如授人以渔。"自主性学习有利于学生不断提高自己的学习能力和对学习的自我调控能力，并为终身学习奠定良好的基础，既有利于学生自身的发展，也符合社会发展的要求。

总的来看，一方面，探究性学习、合作性学习、自主性学习、体验性学习和交往性学习等新型学习方法基本上是以人为本的学习方法，充分发挥了教师和学生的主动性和创造性，能够激发学生的学习兴趣，有利于培养学生的独立性和独特性，有利于培养学生的逻辑思维和创新思维，有利于培养学生的动手能力和实践能力，有利于培养学生的分析和综合能力。另一方面，这些学习方法在教学实践中还存在有待于进一步改进的地方，例如合作性学习过多注重形式而不注重内容等。这些学习方法之间的关系是交互渗透、互相利用，又互为他用的。

新型学习方法有其独特的魅力，传统的学习方法也有其积极作用，不能一概而论。如背诵这一机械的学习方法能在短时间内让学生存储大量的理论知识，做作业、听讲等传统的学习方法仍然是学生认为最有效的学习方式之一，特别是对自制力不强的学生具有一定的约束力，有助于他们完成最基本的学习任务，对学生的成长产生积极影响。因此，在引导学生优化学习方式的过程中，要注意过犹不及的问题。

第四节　学习方式对不同群体学生的影响

不同的学习方式对学生成长成才有着不同的影响，而这些影响又因性别、年级、专业等的不同而存在或多或少的差别。

一、性别差异

传统观念认为，女孩子不如男孩子聪明，在校学生的性别比例就是最好的证明。近年来，我国高校男女毕业生的数量在不断增长的同时，性别之间在数量上的差距也日益缩小，女学生与男学生在就业市场上的比例基本持平。男、女生的分布与专业有明显关系，师范类院校、财经类院校、医学类院校的女生要多于男生，综合类大学男女生比例比较接近，而农业类院校、理工类院校则是男生明显多于女生。

不同性别的个体在学习过程中，某种程度上表现出性别角色的区别。

（一）学习目的

总的来说，男生与女生都有着比较明确的学习目的，但也存在显著的差别。在学习目的的认识问题上，女生比男生头脑更清醒些，不清楚学习目的的男生比女生高；在最主要的学习目的上，他们的选择次序是一致的，依次是找个好工作、改变家庭经济状况、提高自身素质、报效祖国、为家争光，但是女生想找个好工作的愿望相比男生要强烈许多，这也许与时下就业的性别歧视不无关系。男生和女生在家庭责任感和自我发展意识方面都不相上下，男生志向远大者和持有光宗耀祖思想的人数更多。

（二）学习态度

学习目的的差别也决定了学习态度的差别。传统观念认为，女生更勤奋些。但是男生在勤奋度上并不比女生逊色。在平时的学习过程中，男生和女生“课前预习、上课听讲、课下复习”“课前预习，上课再听不理解的重点内容”和“上什么听什么”的比例基本相差无几；然而，在“上课听讲，课下完成作业”的选项上，女生比例较高，在“很少听讲，主要靠自学”的选项上，男生比例则较高。并不是男生和女生哪个学习态度更积极主动，而是他们的表现形式不同而已。

（三）学习方法

由于生理和心理发展有性别差异，男生和女生在学习方法的倾向性上也有差别。在最有效的学习方式的看法上，男女生表现出高度的一致性，可谓英雄所见略同。男生和女生都喜欢合作性学习和交往性学习。然而，在课堂上最喜欢的学习方式上，男生明显倾向于自主性学习方式，而女生则更青睐探究性学习方式。经常进行体验性学习的男生比例要显著高于女生。如在英语的学习上，男生由于逻辑思维及空间能力强，不喜欢语言的机械记忆；而女生感知性、机械记忆较强，言语能力佳。因此，女生对英语学习的兴趣更为浓厚，且相对比男生学得好。

调查还显示，女生的整体学习成绩要高于男生。而在成绩较好的学生中，女生也占优势。奖学金获得率是一个很好的证明。相较于男生而言，女生在大学期间获得专业奖学金、国家奖学金、省政府奖学金和其他奖学金的比例更高些。

总之，当代学生除了由于男女的生理、性格特点所形成的某些差别外，表现在综合素质上的性别差异已明显弱化，他们在学会做人、学会做事、学会做学问以及学会对社会的适应等方面，已基本趋向一致。这种一致性必然导致男、女学生走向社会后面对各种挑战与机遇时也将会有同等机会，在竞争中，社会性别不公平现象必然逐步消失。

二、年级差异

学习方式与认知水平密不可分，不同年级的学生在学习方式方面也有不同程度的差别。

（一）学习目的

随着对学校生活的了解日益明确，从大学一年级到四年级不清楚学习目的的学生比例逐年递减。然而，三年级的学生中却有部分出现了暂时的迷茫，不清楚学习目的的学生比例高达5.3%，高于平均水平两个百分点。这是因为三年级学生有了两年的大学体验，而未来的就业压力似乎还比较遥远，所以部分学生暂时模糊了奋斗目标。与日益严峻的就业形势相呼应的是，随着年级的增高，学生"找个好工作"的愿望越来越强烈，随着年级递增，学生的学习目的也越来越指向自我。

（二）学习态度

不同年级的学生在对待学习的态度上差别明显，一年级和四年级的学生最为勤奋，三年级次之，最后是二年级。每天的课余学习时间在1～2小时和2～3小时的，各年级的学生比例基本持平。一年级学生高中时代的冲劲儿尚有余温，加上还不完全熟悉学校生活，社交圈尚未完全建立，所以业余生活还是以学习为主；二年级的学生中，有的走上了学生干部的岗位，有的成长为社团骨干，大量的业余时间就被占用了；到了三年级，同学们之间的差距明显拉大，有的学生成绩优秀，英语六级已经顺利通过，并拿到了计算机等级证书，而有的学生成绩已经亮起了红灯，英语四级也是几次达不到及格线，因此原来相对投入学习中精力较少的学生压力增强，也开始勤奋起来；四年级的学生在学习时间上出现了两极分化，考研大军可谓夜以继日地泡在自习室里，而不准备考研的学生则奔波在各式各样的招聘会之间。

（三）学习方法

从同学们对最有效的学习方式的看法以及在课堂上最喜欢的学习方式上可以看出，一年级学生应试教育尚未完全"断奶"，对老师的依赖性较强，被动性学习的倾向比较明显。同时，他们好奇心强烈，对体验性学习等新鲜有趣的学习方式充满期待。这也为引导大一新生学会学习提供了契机；二年级和三年级的学生已经有了自己喜好的学习方法，探究性学习、合作性学习、自主性学习等，他们是萝卜白菜各有所爱；四年级学生在学习方面自主性明显增强，他们更喜欢自主性学习和交往性学习。

总之，由于各个年级的学习任务不同，学生的认知水平有别，他们的学习方式也存在差异。对学生进行学习方式的引导，要注重联系他们的实际问题，注意区别不同年级的特点对症下药。

三、院校差异

在学习目的的认识上，不同院校学生的差别不大。但是，在专业兴趣方面，不同院校学生差别显著。笔者经过走访了解，医学类院校的学生部分是出于家长意愿选择了所学专业，农业类院校部分学生是因为高考照顾政策报考了涉农专业，他们本身对自己所学的专业没兴趣或者不太感兴趣。对这部分学生，专业思想的教育引导尤为必要。

不同院校学生的学习态度也不尽相同。师范类院校和理工类院校学生相对而言更为刻苦，财经类院校的学生相对轻松一些。农学类院校、医学类院校和综合类院校的学生在学习时间方面相差不大。也许，这与不同专业的课程难易程度有关。

第四章 英语学习方式的优化与创新

第一节 英语学习方式

一、英语累积学习

英语是一门语言。就语言的本质而言，语言是约定俗成的符号系统；就学习过程而言，英语学习是按照一定语言心理系列不断演进的过程；就学习的行为而言，英语学习是行为习惯的养成。于是累积学习渗透在英语学习的全过程，也是英语学习的重要手段和方式。英语累积学习方式研究是建立在加涅的累积学习理论基础之上。累积学习说认为，个体是按规定的学习程序，一步步地进行学习的。加涅认为，学习过程是信息的接收和使用的过程，学习是主体和环境相互作用的结果。因此，在教学上他主张给学生最充分的指导，使他们能够沿着规定的学习程序和步骤，系统地操控学习行为，形成良好的行为习惯，积累丰富的语言学习经验，体验和优化英语学习的过程。

（一）英语累积学习方式概述

累积学习方式是建立在加涅对学习过程结构和学习条件等的分析和研究基础上的。加涅把学习过程分为八个阶段，即动机阶段、选择阶段、习得阶段、保持阶段、回忆阶段、概括阶段、作业阶段和反馈阶段。英语累积学习是指英语学习者按一定序列逐步累积语言知识和技能而实现对能力的养成。英语累积学习体现了语言和语言学习是习惯系统的养成，体现了个体英语语言能力演进由易到难、由浅入深的渐进过程，也体现了英语语言学习过程的迁移性。根据英语语言学习特性和需要，我们把英语学习过程结构分为四个阶段，前一个阶段是后一个阶段的基础，或后一个阶段是前一个阶段演绎和发展的结果。各个阶段既相互联系，又相互制约。它们分别是：

（1）动机和目标确定阶段。

首先英语语言学习是受个体动机和目标推动的。动机、目标或期待唤醒和激活英语学习行为，支撑和优化英语学习的过程，也隐含着学习的可能结果。它们是英语学习的根由，也是英语学习的动力。其次，英语作为语言或语言学习具有心向性，换言之，英语学习过程或语言的认知过程是生成动机和期待的过程，也是强化学习目的性的过程。

（2）注意和语言理解阶段。注意是指心理努力对感觉事件或心理事件的集中。注意是对其对象的集中和指向。由于个体心理资源的有限性，选择性是注意的基本特征。注意与选择是相辅相成的心理过程，注意是选择的起点，选择是注意的必然，学习离不开注意而存在。因此，英语学习本身是注意与选择的存在，注意是语言理解的前提，没有注意语言理解便无法进行。从个体英语语言发展过程来看，语言理解是语言表达的基础，自然语言理解的最终目的是实现意义建构。

（3）语义表征与巩固阶段。简单地说，表征是记忆方式。英语语义表征与记忆是一个事物的两个方面。由于心理表征的存在，语言理解和符号的意义建构便成为可能。就语言的技能发展而言，英语语言知识和技能的巩固是通过理解、记忆和过度学习而实现的。这个阶段也是巩固阶段。个体语言操练和过度学习逐步实现对语言知识和技能的巩固。

（4）语言表达和运用阶段。语言表达和运用是英语学习非常重要的一环。如果语言理解与语言输入密切相关，那么，语言表达和运用与语言输出存在必然的联系。个体从表达中体验语言，从运用中掌握英语语言技能。英语语言学习和能力发展的过程是一个连续系统，有起点却没有终点。各阶段学习有明确的侧重点，但各阶段相互依存、相互制约，循环往复。例如，动机阶段是英语学习的起始阶段，但是英语学习过程，即语言理解、记忆和表达也能强化动机和学习的目的性。

英语学习过程结构决定学习方式，其学习方式是学习过程的具体体现。就累积学习的过程而言，英语学习是一个知识不断积累、技能不断巩固、习惯和方法不断优化的改进过程。换言之，个体英语语言因累积性的学习而发展。也就是说，量的累积必然导致质的变化。

英语学习的结果是学习目标、学习过程和学习条件相互作用的结果。英语累积学习方式的生成、发展和应用既有外部条件，也有内部条件。英语学习既要有外部社会语言环境或条件，也要有内部心理条件，整合内外条件资源，累积学习方式的建构才有可能。

累积学习的教学设计是累积学习方式的应用的重要方面。学习方式的教学设计既是学习方式走进学生和课堂的中介，又是验证学习方式的科学性和可行性的过程。由此，学习方式教学设计的重要性显而易见。

（二）英语累积学习的意义

从加涅学习理论出发，我们认为累积学习方式对英语语言能力的形成和发展意义重大。首先，就语言结构而言，英语语言是约定俗成的符号系统；其次，就语言学习的过程而言，英语语言能力的获取是一个渐进和习惯的养成过程；最后，英语语言能力的发展是按一定序列演进和迁移的。从语言文化形成的过程来看，英语语言的形成体现了其过程的渐进性。从个体语言学习过程来看，英语学习是由易到难，由浅入深，由少到多，由生疏到熟悉的知识、技能和能力的累积过程，个体英语语言技能和能力的形成与发展体现了语言学习过程具有迁移特点。人类学习中可供使用的资源是有限的，如个体短时工作记忆的资源是非常有限的，研究表明，人的工作记忆的容量仅有7 ± 2。从这一点来看，累积是个体英语语言学习的手段，也是语言学习的过程。由此可见，累积方式是英语学习的必然选择。

（三）累积学习的教学设计

加涅阶梯理论认为，任何一项学习均有其顺序，前一种学习是后一种学习的先决条件，学习是按顺序逐步演进的。英语作为语言学习更是这样。学习者若是无法学会某种知识，是因为尚未具有学会这个知识的基础能力。教学活动时，应从学习阶梯的底层出发，循序渐进地引导学习者达到预期的教学目标。这一模式以学习者在学习中所发生的心理活动过程为依据，又进一步根据其学习的信息加工理论提出了一系列从学习动机的确立到学习结果的反馈的教学策略。

（1）激发动机。教学中所讲授的内容应能吸引学习者，使学习者感到有趣，以唤起学习者的动机，并把学习者的兴趣与对未来的期望联系起来。

（2）告知学习者目的。告诉学习者在学习结束时将会达到什么样的目的，使学习者形成学习的心理定式。告诉学习者目标，有利于学习者对学习结果形成较具体的期望。

（3）指引注意。指导学习者注意有关内容，有助于把学习者的注意力集中在教材的核心内容上。因此，教师可以采用各种手段引起学习者的注意，如手势、动作、表情、语调等，或运用教学手段，如挂图、幻灯、录音、录像等，以引起学习者视觉上的兴趣。

（4）回忆刺激。授课之前，教师要经常让学习者回忆先前所学内容。如果学习者正在学习一种新的技能，那么下属的技能就必须先检索出来，以便能将它们作为技能的一部分而加以重新编码；如果学习者正在学习言语信息，那么就需要把先前学习的知识回忆出来，使之成为获取新信息时有意义背景关系中的一个。

（5）呈现信息材料，提供学习指导。指导学习者对学习内容加以编码，使学习变得有意义。在学习指导中，教师可采用提问等形式指导学习者自己制定编码方案。

（6）增强记忆。为了增强学习者保持和提取已习得的内容，教学中可利用表、图等形式，使学习者找出检索的线索，利用间隔复习的形式来保持信息。

（7）促使学习迁移。这里的迁移包括纵向迁移，即教师通过提问和提示，使学习者所学的知识能迁移到新的学习内容中；横向迁移，即教师向学习者提供需要使他掌握知识的新任务（问题解决），使学习者把学习内容运用于其他情境中。

（8）引出动作、提供反馈。教师提供让学习者做作业的机会，让教师看到学习者是否已经保持了所学会的内容，是否掌握了教学最接近的结果，并给予反馈。

在累积学习方式中，教师扮演着“设计者”“指导者”和“管理者”的角色，教师的工作就是计划、设计、选择并监督外部条件和安排，主张整个教学过程自始至终由教师来控制，强调教师的指导作用。加涅为我们提供的是一个基本构架，而不是具体实施的步骤。教师只有以教学理论为指导，结合教学工作实践，才能从根本上理解教学的本质。

加涅提出的适当的教学设计必须包含下列四项：①制定教学目标；②根据学习阶梯及工作分析进行教学设计；③安排教学活动；④决定评价方法、标准和工具。

二、英语自主学习方式

英语自主学习在当今英语学习方式研究中占有重要的一席之地。自主学习作为一种学习方式，是20世纪60年代被提出来的，从对“学习者能力”的研究到提出以“学习者为中心”的教育理念，自主学习在思想和社会发展变化中逐步形成。随着信息时代知识爆炸，学习量迅速增加，学习资源不再仅限于教师和教材，学习目标也从知识的学习变成能力的获得，同时，随着人口的增加，人们也在寻找能让更多人根据自己的特点、兴趣和需求学习的方式，从而出现了开放式的学习，使自主学习迅速普及。随着教育技术的发展，如电子产品、互联网等使得英语自主学习成为可能，进一步促进了英语自主学习认识和研究的不断深化。

（一）英语自主学习的定义及特点

自主就是学习者对自己学习控制的能力。自主学习就是学习者的自主能力得以展现的学习。自主学习可以从不同的方式表现出来，具有独特的过程和师生关系。自主能力可以在自我学习的模式下得以发展。自主学习的学习者自主控制学习行为认知过程和学习内容。三者的关系互相依存。有效的学习管理建立在对学习中的认知过程的控制上。学习管理和认知过程又涉及有关学习内容的判断。

从以上自主学习的特点和含义，我们不难得出英语自主学习方式的重要意义。自主学习方式在英语学习过程中得以应用和推广，使学生在英语语言学习中学会语言、发展语言能力、学会认识自己、成为自己。人类作为主体，自主能力是最重要的素质之一，而自主学习正是培养人类成为主体、具有自主性的有效方式。自主学习是培养学习效果，独立解决问题和发挥能动性的学习方式，因此，自主学习对培养学习者的创造性具有重大作用。自主学习对学习者更深刻地掌握知识、培养良好的学习态度等都有很大的意义。

（二）英语自主学习的实践

英语自主学习能力的培养是一个循序渐进的过程。学生具备自主学习的能力需要经历一个从他主到自主的发展过程。从最初完全依赖教师的指导逐渐过渡到自己独立思考学习活动。另外，英语学习是一个循环的过程，上一次学习任务结束时的自我评价，将反映在下一次任务最初对学习目标的设置、对自身能力的评价中，上一次学习过程中的经历与体验将作为下一次任务中学习策略选择、周围环境资源控制的依据之一。如此反复，语言自主学习能力逐渐发展完善，这也提示教师自主学习的培养活动是一个长期的过程，需要对学生进行耐心细致的帮助与引导。

英语教师的职责是帮助学生展开自主学习，指导他们有效运用学习策略。当以发展学生的自主能力和个性为目标时，教师的角色功能就是关注个体，了解学习者的多样性。当教育目标、学习活动、教学资源、掌握水平和时间具有很大的自主性时，教育才真正体现出培养学习者的自主性。教育目标要满足个体需要，学习活动要有多样性，要为不同能力的学习者提供不同的教学资源、接纳不同学习者不同水平的表现，并且容许不同的学习者在不同的时间完成学习任务，开展自主语言学习。教师必须在放弃他们对学习者的控制的同时使自己适应作为管理者、组织者、咨询者、材料开发者、评判和评估者的新的角色。成功的角色转变取决于教师本身意识和素质的提高。教师从知识传授者转变为学习条件和学习环境的创造者，应尽可能地为学习者的学习营造良好氛围，创造更多机会，满足不同学习者的需要。教师不再是知识传播的唯一渠道。作为教师，使学习者实施自主能力的原则是尽可能地提供给学习者控制自己学习的机会，建立学习者自主发展的教学目标，改变错误的压抑学习者积极性的教学方式，以引导者的身份出现在学习者的学习活动中。也只有建立培养独立、自主的学习者的教学目标，学习者才会在教师的指引下，发挥自己的潜能，将学习活动置于自己的监控之下，调动自己认知、情感、意志等多方面的能力，进行主动建构知识的高效学习。

英语自主学习方式的活动是一个复杂的系统。在这一系统中，既有学习者自身方面的因素作用，又有教师等外在因素的作用，还有学习任务、教学管理等多种因素的作用。要想使自主学习活动协调、高效、合理地运作，需要各方面因素科学合理地发挥作用。确立学习者自主发展的教学目标，改变压制学习者积极性的错误教学方法，在学习者的学习活动中起到引导作用。只有确立培养独立、自主的教学目标，学习者才能在教师的指导下释放自己的潜力，将学习活动置于自己的监督下，调动自己的认知、情感、意志力等能力，积极构建知识进行高效学习，增强主体意识，培养责任感。

三、英语合作学习方式

英语学习本质上是交际过程，语言交际行为的基础是合作。语言交际因合作而丰富，英语学习因合作而深入。合作学习表面上看是一种学习方式，实际上是人的社会性的本质体现。社会性的基本层面是合作。因此，合作是人的基本属性和内在要求。随着社会迅速发展，合作已成为人类学、社会学、经济学、心理学等学科越来越关注的研究主题。社会依赖性研究、认知发展研究和行为学习理论研究等方面的研究成果为合作学习提供了重要的理论依据和支持。通过比较不同的学习方式，尤其是比较了合作学习、竞争学习和个人学习的理论与应用，大家一致认为合作学习是具有优越性和有效性的一种学习方式。人们从合作学习的不同态度、不同的学习目标、在不同的环境中合作学习的效果等展开理论和实践的研究，研究成果涉及学习成绩、学习时间、学习转化、学习动机、学习者的认知发展、学习环境、学习者心理健康发展和社会能力发展等，并提出了大量的合作学习实践方法供教师和学习者参考使用，所有这些使得合作学习迅速普及。

（一）英语合作学习的定义和特点

合作学习是一种英语课堂的学习活动方式，是由有差异性的学习者构成学习小组，在教师的指导下，每个学习者带有不同的责任和共同的目标，通过学习者之间的正依赖互动，解决问题，完成学习任务，以达到学习者在认知、语言能力和情感态度等方面得以积极发展的课堂教学组织和学习者学习形式。从广义上说，合作学习可以是因学习任务的要求，无法独自完成学习任务而寻求合作，可以是课堂或课外的，教师组织或学习者自由组织的，小组具有共同的目标，每个学习者具有明确的责任，按照一定的程序，互相之间通过正依赖互动，分享信息，解决问题，完成任务的学习过程。在此基础上，每个学习者从不同的渠道得到对自己表现的反馈。其目的是使每个学习者从一系列合作活动中积累英语语言知识、形成语言技能、养成学习能力、培养社会能力等。因此在英语教学中合作学习有以下特点：

第一，在形式上，学习者是以小组的形式进行学习，但不是所有的小组学习都是合作学习。在一个小组中也可以是竞争学习或个人学习。真正的合作需要理解构成合作的组成部分。掌握合作的组成部分需要教师把现有的课程用合作的方式进行建构，制作合作学习的课程以符合独特的教学情形及满足课程目标和学习者的需要；诊断在小组学习中学习者可能出现的问题，并指导学习者，以便提高学习小组的效率。

第二，合作学习包含许多组成部分，其中主要包括：正依赖、面对面的促进性互动、个人与小组的责任、个人与小组之间的技能和小组操作的过程。在小组环境中系统地构建这些基本要素才能确保合作学习的实施。当组员们感到他们的成功如果没有其他人的成功是不可能达成的，这时正依赖就构成了。所以，布置任务时，要让学习者相信他们是同甘共苦的一组。当正依赖构成时，就会凸显个人的努力与小组的成功的紧密联系；由于每个人的资源不同，他们具有无法替代的角色和完成任务的责任，这样就创设了不仅对自己也对小组成功的义务。没有正依赖，就没有合作，这是核心。小组合作中个人的责任体现在两个方面：首先，小组必须负责达成其目标；其次，每个人要尽他在小组中应尽的责任。小组的责任是使每个人都更强大，都能得到更大的能力。小组操作过程是指小组成员相互间配合，不断地促进小组活动的有效进行。当小组讨论如何达成目标、保持有效的工作关系时，小组配合就产生了。小组要描述该做什么，不做什么，决定什么该继续，什么要改变。组员一起仔细地分析和决定将不断完善学习过程。

第三，合作学习是以学习者为主体、以学习者为中心的一种学习方式。

合作学习通过学习者的主动参与，发展个性和提高素质。合作学习为学习者按照自己的需要和个性学习提供了机会和途径，提高了学习效率，发展了个性化学习。合作既是手段，又是学习目标。合作学习的结果往往是在不同的学习成员交换观点的过程中，吸取他人思维方式和学习方法，完善自己的观点，开拓思维面。

（二）英语合作学习的意义

（1）合作学习体现了以人为本、以学习者为中心的思想。教学研究从师生互动到生生互动的发展，从被动接受到主动学习的变化，从知识学习到能力培养的转变，都体现了合作学习的核心思想。合作学习以提高学习和知识的成就、提高学习者的记忆力、提高学习者对学习体验的满意度、发展学习者的口头交流能力、发展学习者的社会交往能力和提高自信心为学习目标。合作学习是主动学习，培养解决问题、回答问题、提出问题及讨论、解释、争论等实践能力。合作学习是以正依赖和个人责任为条件的学习，培养责任心。评估措施是短期掌握、长效记忆、课程材料深度理解、批判性地思考和创造性地解决问题的技能的获得、对学习的积极态度的形成。合作学习帮助学习者学会与人合作，提高团队意识，开发学习者的智力，提高学习效率，提高社交能力，促进学习动机，降低学习焦虑，有利于精神健康。

（2）合作学习更能促进学习者的知识与技能、过程与方法、情感态度与价值观的三维目标方向的整体发展，促进学习者集体的形成，对增强团体意识和创新品质有重大意义。只有面对具有挑战性的学习内容时，学习者才会表现出一定的探索欲望，当学习者独立解决问题出现困难时，这种团体学习的效果就会表现出来。一方面，我们可以通过提供材料，给予学习者动手操作、合作交流的机会，从其他学习者那里学习解决问题的方法；另一方面，通过合作学习，也能使自己已懂的知识在与他人交流时得到巩固和加深。通过共同谈论而学到的知识是学习者自觉获得的知识，因此会记忆深刻，而且还可以获得探索与成功的积极情感体验。特别是在学习方法与策略方面，多角度思考在合作学习方式下体现得更加明显，根据学习者的不同思考方式，会有不同的解题策略。如果放手让学习者去交流，让他们介绍自己的方法，倾听别人独特的方法和有创意的想法，既拓宽了思路，又可以使学习者自觉地取长补短。每次小组的学习都有一定的活动内容和要求，这样学习者就明白要干什么，对学习活动具有明确的目的。对于学习活动，教师只是起着引导的作用，学习的主体还是学习者。这样可以使学习者自己发现问题，好的情况是能够自己找到解决问题的办法，在解决问题的过程中互相补充。除了知识的学习之外，还能够在潜移默化中帮助学习者形成良好的学习习惯和个性风格特点。在合作学习中允许学习者互相质疑，让学习者在思考和探讨中，思维得到充分的发展。

（三）英语合作学习实施

英语合作学习的实施涉及多个方面，如过程操作、教师的作用、学习者的角色、资源的利用和评价的标准等。

第一，从过程操作来看，教师的任务首先是合理分组。分组方式可以是就近组合：将邻近座位的学习者组成两人或多人一组。异质分组：在性别、能力、性格等方面是异质的，这为组内互助提供了可能，同时，异质小组使学习者有良好的自我感觉和接纳他人的目标，每个人都有进行学习的平等机会，并且在异质中互相取长补短。每组内培训一个善于协调并有责任心的组长，负责安排本组成员承担不同任务，协调组员间的关系，使得组员间能很好地交流，检查和评价本组成员的合作学习情况，同时向教师反馈本组的任务完成情况。

第二，合作学习中教师布置任务。一种任务是对教师先前讲述过的内容进行小组合作学习以掌握巩固。另一种任务是项目合作。要求学习者搜集阅读材料，然后一起完成一个共同的任务。

第三，合作学习实施结果的好与差很大程度上取决于对小组成员行为规则的要求上，即个人责任。这种要求不是空洞的，而是表现在教师对任务的分配上，人人责任不同，如果其中有一人不履行责任，小组则无法完成任务。如要求学习者完成有关新西兰的国家概况介绍的报纸制作。按板块内容分习俗与文化、地理与人口、饮食与特产等分配给不同的成员负责，从而在搜集信息和整理信息的过程中提高阅读和写作的能力。

四、英语有意义学习方式

20世纪60年代，美国教育心理家奥苏贝尔（D.P.Ausubel）针对人们对发现学习的推崇的现象，对接受学习进行了深入的分析和研究，并在此基础上提出了有意义学习理论。有意义学习理论具有丰富的内涵，既重视原有认知结构的作用，又关注学习材料本身的内在逻辑关系。

（一）奥苏贝尔的“有意义学习”概述

奥苏贝尔的有意义学习代表了典型的学习认知观。

有意义学习的实质就是符号所代表的新知识与学习者认知结构中已有的相关旧知识建立一种实质性的非人为的联系的过程。所谓非人为的联系，是指新知识与认知结构中有关观念在某种合理的或逻辑基础上的联系。所谓实质性联系，是指新的符号或符号代表的观念与学习者认知结构中已有的表象、已经有意义的符号、概念或命题的联系。有意义学习的产生既受学习材料性质等外部条件的影响，也受学习者自身因素即内部条件的影响。外部条件是指学习材料具有逻辑意义。这种逻辑意义指的是材料本身与人类学习能力范围内的有关观念可以建立非人为的和实质性的联系。有意义学习的内部条件包括三个方面。首先，学习者必须具有有意义学习的心向。有意义学习的心向，是指学习者积极地将新旧知识关联起来的倾向。其次，学习者认知结构中必须具有适当的同化新材料的知识基础，以便与新知识进行联系。所谓同化是指学习者头脑中某种认知结构吸收新的信息，而新的观念被吸收后，使原有的观念发生变化。概念被同化的特征是学习者将概念的定义直接纳入自己的认知结构的适当部位，通过辨别新概念与原有概念的异同而掌握概念，同时将概念组成按层次排列的网络系统。最后，学习者必须积极主动地使这种具有潜在意义的新知识与认知结构中的旧知识发生相互作用，使旧知识得到改造，新知识就获得了实际意义，即心理意义。

有意义学习方式采用先行组织者策略，加强在学习过程中新旧知识之间的联系。先行组织者策略是指在正式学习新知识前，向学习者介绍一种他们比较熟悉，同时又高度概括性地包含正式学习材料中的关键内容，这些内容在抽象、概括和包摄水平上普遍高于新知识，也与学习者个人的参照系相联系。这些引进的内容，充当新旧知识联系的桥梁，奥苏贝尔称为“组织者”。由于这些引进的内容是在学习者正式学习新知识之前呈现，故又称为“先行组织者”。先行组织者教学策略的种类之一是说明性组织者，用于对新知识提供一个上位的类属者，如讲解英语不定式to do的用法时，在抽象和概括性较高的层次上描述不定式的基本用法。另一类是比较性组织者。如果学习者对新知识不完全陌生，新知识能与认知结构中的相关知识联系，如讲解英语动词的过去分词用法时，结合已学过的动词现在分词用法，两者相比较来理解过去分词的结构和意义。“比较性组织者”策略能帮助学习者事先分清新旧知识间的异同以增强新旧知识间的可辨别性，从而将概括性观念渗入学习者认知结构中。先行组织者教学方法往往为讲解法。先行组织者学习模式分三个阶段。第一阶段的教学过程为呈现先行组织者，如给出例子，提供上下文，使学习者意识到相关知识和经验。第二阶段的教学过程为呈现学习任务和材料，如使学习材料的逻辑顺序外显化、保持注意、呈示材料、演讲、讨论、阅读材料等。第三阶段的教学过程为扩充和完善认知结构，使用综合贯通原则，促进积极地接受学习，提示新旧概念知识之间的关联。

（二）有意义学习中的动机因素

有意义学习非常注重成就动机，即学习者试图获取好成绩的倾向。有意义学习的成就动机主要由三个方面的驱力组成。

1.认知驱力

认知驱力是成就动机三个组成部分中最重要、最稳定的部分，它大都存在于学习任务本身中。所谓认知驱力，就是指学习者渴望认知、理解和掌握知识，以及陈述和解决问题的倾向。简言之，即一种求知的需要。它发端于学习者好奇的倾向，以及探究、操作、理解和应付环境的心理倾向。这些心理倾向最初都是潜在的动机因素，它们本身既无内容也无方向。这些潜在的动机因素之所以变为实际的动机因素，一方面是成功学习的结果，学习者预期到未来的学习可能会得到满意的结果；另一方面是家庭和社会中有关人士影响的结果。因此，如果要形成学习者的认知驱力，使它成为学习者在校学习的动机，就必须重视认知和理解的价值，并以此为目的。动机变量对认知学习和记忆过程的影响与认知变量的影响有所不同。动机变量一般不直接涉及认知学习的过程。它们是以增强努力、注意和学习准备等为中介来影响认知过程的。动机变量对记忆的影响，一般是以有选择地抑制再认和再现为中介来影响信息保持的，因此，动机变量只影响特定信息的提取。由此可见，动机是引发认知学习的原因，但更多的是认知学习的结果。

2.自我提高驱力

自我提高的内驱力是一种通过自身努力，胜任一定的工作，取得一定的成就，从而赢得一定的社会地位的需要。它与认知内驱力的区别在于：认知内驱力的指向是知识内容本身，它以获得知识和理解事物为满足；自我提高的内驱力指向的是一定的社会地位，它以赢得一定的地位为满足。在社会中一定的成就总能够赢得一定的地位，成就的大小决定着他所赢得的地位的高低。自我提高的学习动机会使学习者变得更加努力，会使学习者努力地提高自己的能力，努力地获得好的学习成绩，在同伴中赢得优越的地位。

自我提高的内驱力的作用时间往往比认知的内驱力还要长久。认知的内驱力往往随着学习内容的变化而发生变化。当学习的内容不能激发起学习者的认知兴趣时，认知内驱力就要下降或转移方向。

过分强调自我提高的内驱力的作用，会助长学习者的功利主义倾向，使学习者把学习看成追求功名和利益的手段，而降低对学习任务本身的兴趣。因此，培养和激发自我提高的内驱力一定要与培养和激发学习者的认知内驱力结合起来，使内部动机和外部动机都发挥应有的促进学习的作用。

3.附属驱力

附属驱力是指个人为了保持长者或权威的赞许或认可，而表现出来的一种把学习或工作做好的需要。对于学习者来说，附属驱力表现为，学习者为了赢得家长或教师的认可或赞许而努力学习，取得好成绩的需要。附属驱力与自我提高的内驱力有明显的不同。不同之处主要在于：

（1）两者追求的目的不同。自我提高驱力追求的是赢得一定的社会地位；附属驱力追求的是长者或权威人物的认可。

（2）自我提高的内驱力以自我能力的提高和学业成就的提高为中介，以展示自己的能力和才干，得到公众的认可为满足；而附属驱力以满足或达到长者或权威的要求为中介，以得到长者或权威人物的认可和赞许为满足。

（3）自我提高驱力所对应的奋斗目标是在客观社会的影响下内化而成的个人确立的目标；而附属驱力所对应的奋斗目标则是由长者或权威人物确定的。

（4）学习者在附属驱力的促使下，从长者或权威人物的认可和赞许中也会获得一种派生的地位。但这种地位与自我提高驱力所赢得的一定的社会地位不同。这种派生的地位不是由学习者本人的能力或成就水平决定的，而是从他追随和依附的长者或权威人物所给予的赞许中引申出来的。

附属驱力有比较明显的年龄特征。在年龄较小的儿童身上，附属驱力是成就动机的主要成分。随着儿童年龄的增长和独立性的增强，附属驱力不仅在强度上有所减弱，而且在附属对象上也从家长和教师转移到同伴身上。在青少年时期，来自同伴的赞许或认可将成为一个强有力的动机因素。成就动机的这三种内驱力成分，在不同年龄、不同性别、不同社会阶层、不同民族和不同人格结构的学习者中比重各不相同，也随着这些因素的变化而变化。

（三）英语有意义学习的运用

学习者在有意义的学习中，并不是将现成知识简单地合并到原有认知结构中去，而是要经过一系列积极的思维活动，因此，有意义学习是一个主动的过程。这一系列思维过程包括对新旧知识的“适合性”做出切实而有效的判断，调节新旧知识间的矛盾，把新知识转化到学习者个人的知识经验、背景、词汇、概念等参数中来，对更有概括性、容纳性的概念进行再组织，从更高的层次上进行新旧联系，从而实现有意义的学习。根据有意义学习是一个主动学习的过程的特点，可以勾画出有意义学习的一般实施程序。

第一，创设有意义学习的形成条件。前面提到过有意义学习要满足两个先决条件：学习者表现出一定的学习心向，即表现出一种学习新内容与自己知识之间的联系的倾向；学习内容对学习具有潜在意义，即能够与学习者已有知识结构联系起来。有意义学习不是消极被动地接受学习。在教学中，教师要把握好两个标准：一条标准是看看学习者能否将学到的知识加以运用，另一条标准是看学习者能否归类和系统化知识，在教学中，教师必须要求学习者将所学的知识归类和系统化，建立知识之间的联系。

第二，帮助学习者形成有意义学习心向。要使学习者形成有意义学习心向，重要的前提是让学习者把学习的任务与适当的目标联系起来，追求某种价值，并把学习内容与以前学过的知识联系起来，运用新的知识与技能去探究问题，等等。学习者在学习中对设定目标的追求和尝试才能使学习者的学习变成有意义学习，也就是说，学习者学习必须积极建构他们自己头脑里的知识。教师在教学中要采取各种方法调动学习者的求知欲，激发他们建构新旧知识之间的联系。

第三，建立新旧观念的实质性、非人为性联系。学习者获得了有意义的学习心向后，并不等于就能独立地思维和获得思维结果。如果教师呈现的概念、原理与学习者原有认知结构完全脱离，那么，学习者对这种材料的学习只能是建立表面联系的机械学习。让学习者形成有意义的学习方法是引导学习者正确地理解，而不是死记硬背、简单模仿。所以，教师要为学习者的有意义学习做好各种必要的准备。这些准备越充分，学习者接受知识就越容易。教师有机结合新旧知识，讲透所学知识之间的关系，充分调动学习者的主动性和积极性，培养学习者养成良好的学习习惯，教会学习者学习的正确方法等，这些方面的工作做得越好，学习者也就学得越有意义。有意义学习是一种以思维为核心的理解性的学习，对培养学习者的学习方法、减轻学习负担大有作用。

第四，使学习内容尽可能变得有意义。英语教材的编写具有一定的逻辑性。如一般以听和说为先，其次是读和写。如果学习者只能通过母语词汇写出相对应的英语单词，那就不是有意义学习。知识的前后联系，从一般到特殊，从体验、认识再到总结、概括的过程也是逻辑关系。

第五，运用事前结构材料。教师先把一段简要的文字介绍给学习者，这段文字通常要比即将学习的新材料具有更高的抽象性、普遍性和广泛性，一般来说，事前结构材料有助于学习者接受或同化新的材料。新概念的获得依赖原有认知结构中的适当概念，通过新旧知识相互作用，即新旧意义的同化，使新的概念获得得以实现。

第六，了解学习者的原认知结构。促进学习者形成良好的认知结构的首要任务是了解学习者的原认知结构。新的知识的获得总是在已有的认知结构的基础上进行的，新旧知识相互作用、相互整合。掌握了学习者原有的认知结构，判断学习者用来同化新知识的原有知识是否巩固和清晰，就能进行有针对性的教学，从而将新知识纳入原有认知结构中。

第七，运用先行组织策略进行有意义学习，促进学习和保持信息。如根据不同的学习内容选择运用说明性的组织者和比较性组织者，使得新知识与旧知识中的相关知识进行整合，增加新旧相关知识之间的可辨别性。在时态教学中，不同时态的结构比较、意义比较，词汇学习时，尤其是近义词，词的语法意义的比较、文化意义的比较、联想意义的比较、语义特征的比较等使得近义词的辨别很清晰。

第八，评价学习者。教师可在日常生活中，通过倾听学习者的反应、仔细观察和记录学习者的进步与不足等方式进行评价。教师提供一种让学习者自由讨论、自由提问、无拘无束地发表见解的场合，也是评价准备的重要方面。

有意义学习方式对于教育发展具有重要意义。有意义学习的特点是学习者全身心地投入，身体的、心理的、认知的、情感的、逻辑的、直觉的，都和谐统一起来，其结果既是认识和能力的发展，又是情感和人格的完善，这对于素质教育和发展学习者的非智力因素有着重要的意义。有意义学习过程是认知过程与情感过程相统一的过程，是智力因素与非智力因素共同作用的过程。

第二节 引导学生优化学习方式

学生可塑性强，要积极研究学生优化学习方式的对策，引导学生顺利成长成才。

一、明确学习目的，端正学习态度

“必修课选逃，选修课必逃。”逃课，成为学生学习中的不和谐音符。究其原因，最主要的还是部分学生学习目的不够明确，以至于学习态度不够端正，得过且过。高尔基说过：“一个人追求的目标越高，他的才能就发展越快，对社会就越有益。”目标是激发人的积极性、产生自觉行为的动力。人一旦没有了生活目标，就会意志消沉、浑浑噩噩。因此，要通过深入细致的思想教育，引导学生志存高远、脚踏实地把自己的学习搞好。

（一）引导学生明确学习目的

一是要引导学生确立近期目的与长远目标相结合。学习目的是由个人的学习需要决定的，只有在满足自己最近的需要以后，才会去想较远的目标。个体在实现自己的需要时，离自己距离越近的需要，行动起来动机就越强，兴趣就越浓。近期目的与长远目标各有很好的促进作用，近期目的相对长远目标而言，虽然对学习动机兴趣的激发要快一些、强一些，但长远目标的维持时间较长。因此，要肯定学生近期的、具体的学习目的，鼓励学生树立长期的、远大的学习目标，使二者有机结合起来。二是要尊重学生对自己学习目的的选择。大多数学生的学习目的是指向自己或指向他人的。在传统观念中，人们总是贬低个体需要，不切实际地夸大和抬高社会需要的价值。事实上，只要是能够引导学生积极学习的原因，能成为他们主动学习、积极向上的动力，不管哪种学习目的，都应当给予肯定。从宏观来看，即使是为个人目的而进行的学习，最终的结果也都必然要在社会中去实现，都是在为社会服务。因此，要承认学生的选择，使低层次的学习目的自然地融合到高层次的学习目的中，从而更大地激发学生的学习积极性。

三是要加强学生社会责任感的培养。每个人都是社会人，尤其是青年学生，他们毕业后走上社会就会成为社会的中流砥柱。只有当学生认识到当前学习与实现伟大事业的联系时，才能体会到掌握科学文化知识的重要性。因此，要加强学生对社会主义核心价值体系的认识，明确社会赋予他们的历史使命，增强社会责任感，与自己的学习结合起来，完成从“小我”到“大我”的过渡，完成高校教书育人、为祖国培养人才的目标。

（二）引导学生端正学习态度

一是要培养学生的学习兴趣。通过调查，我们发现一个十分难解的现象，就是一些学生这山望着那山高，不爱本校爱他校，不爱本专业爱他专业，如学医学的爱工程，学工程的爱财经，等等。兴趣不专，难免肤浅。结果往往是无“专”而求“博”，两头不精。对事物的兴趣是学习者学习的重要动力，一个人对某些未知事物的强烈兴趣，会推动他产生想了解的强烈愿望，从而形成积极的学习态度。因此，要加强专业思想教育，提高课堂教学的魅力，促使学生对自己的专业产生浓厚的兴趣。

二是要帮助学生消除学习中的消极情绪体验。教育实践表明，有些学生不良学习态度的产生和形成，往往是由于他们学习中因多次失败而产生的消极情绪体验积累的结果。由于心理上形成了“学习即痛苦”的消极情绪反应，他们虽能在认识上懂得学习的重要，但还是不爱学、不愿学，甚至逃避学习。要正确对待这些学生的消极态度，当他们学习上受挫时，要帮助其找出学习失败的原因，指导他们改进学习方法，增强其信心。更重要的是，教师要在教学过程中创造各种情境，使他们在学习上不断获得成功，产生积极的情绪体验，从而转变其消极的学习态度。

三是要充分发挥集体的力量。个人总是属于集体，集体的性质和规范，无不影响个人的态度。在转变学生的不良学习态度时，可以利用集体规范和集体压力的影响，促使每一个学生按集体规范去做。集体的力量是无穷的，利用集体规范的影响转变学生的学习态度，比逐一转变态度更有效。为此，要加强班级和宿舍等集体的管理，使集体有正确的行为规范，有严明的纪律约束，特别是有崇尚学习、奋发向上的良好班风、舍风，使同学们在良好班风、舍风的感染下，在群体规范的制约下，逐渐端正学习态度。

（三）对不同年级的学生进行阶段引导

不同年级的学生有不同的需求侧重点，对学习的认知水平也有差异。要结合实际，针对性地做好教育引导工作，促进学生全面成长，全体成才。

一年级学生刚步入大学校门一时难以适应与中学迥然不同的学习。在入学教育和军训期间，要全面介绍学校、学院和专业情况，让同学们在了解的基础上产生认同，奠定坚实的专业思想基础。要重点做好学习的适应指导，及时开展职业生涯规划教育，引导他们树立新的学习目标，学会探究性学习、合作性学习、自主性学习方法等，帮助他们找到适合自己的方法。二、三年级的学生，已经拥有了一两年的学校生活，学习上没有心理压力，求知上进的要求有些减退。这个时期是学习目的与方向多变时期，会受社会及各方面舆论与指导的影响，有一定目标但还没最终成型或为之全力以赴，在边实践边探索，努力寻找适合自己的道路。对他们要重点抓专业思想教育和技能教育，加强纪律教育，强化学生的成才意识，牢固树立专业思想，注重提高自身专业学习水平和技能水平。

四年级的学生面临着毕业后何去何从的选择，由于当前就业形势日益严峻，他们的压力也与日俱增。对希望早日踏入社会的同学来说，这一阶段的主要学习目的除了学好课本知识外，还包括参与社会活动，进入相关企事业单位实习，早日体验社会工作，学习相关的人际交往、沟通和自我营销能力。要重点抓适应市场、适应社会的就业教育，培养学生的社会责任感和时代紧迫感，敢于和善于面对竞争和挑战。

二、引导博览群书，培养自学能力

学生应该首先是通才，之后才是专才。古人云，博学之，审问之，慎思之，明辨之，笃行之。博学作为多所大学的校训内容，鞭策着一届又一届的青年学子。立志、修身、博学、报国，是时代赋予学生的使命。要引导学生善于利用图书馆、广泛涉猎知识，培养学生的自学能力。

（一）引导学生善用馆藏资源

图书馆是一个时代思想最先进、知识最密集、文明程度最高的特殊场所，不仅拥有丰富的文化馆藏、先进的技术手段，而且有着完善的服务设施和优雅的学习环境。然而，学生对图书馆的利用率并不高，经常去图书馆的学生仅有23.3%，还有20.2%的学生“很少去”甚至“没去过”。因此，要引导学生学会善于利用图书馆的丰富资源。

首先，培养学生获取信息的能力。这种能力比图书馆里的知识更重要，因为这是“渔”。当今社会是信息时代，学生一定要懂得怎样最有效地获取所需信息。要通过举办讲座等，让同学们了解图书馆的文献、服务分布、规章制度等有关信息，学会文献检索，即图书馆文献的目录检索、计算机检索方法以及检索的一般策略，学习网络检索的基本知识和搜索引擎的使用方法与技巧。

其次，培养学生自主学习的能力。大学课堂上知识量大，仅凭听讲就完全达到学习要求对学生来说有一定的难度，教师应提倡学生在课下多进行自主性学习，图书馆无疑是同学们巩固课堂知识、丰富课外知识的最好选择。要鼓励学生经常去图书馆，哪怕到了图书馆只是随便翻翻看看，也会让学校生活充实许多。需要注意的是，要引导学生有选择地阅读，而不是囫囵吞枣、滥竽充数。

最后，培养学生自觉泡图书馆的习惯。尽管当前网络和多媒体技术发展迅速，电子读物逐渐成为信息资源记载和传播的主要载体，但仍然无法代替传统纸质图书的重要地位。屏幕界面的电子阅读和纸张界面的纸本阅读，两者以其各自特有的优势交互并存。图书馆文化氛围浓郁，环境优雅，比教室更添几许独特的魅力。可以鼓励学生多泡图书馆，在舒适轻松的环境里享受学习的乐趣。

（二）引导学生广泛涉猎知识

有些学生只注重专业学习，而对其他方面缺乏了解，这样既阻碍了自己的视野，同时也使自己的某些观点、某些想法存在狭隘的偏见。

据统计，4年大学的绝对时间是8个学期，计1420天。4年中寒假、暑假、双休日、法定节假日等合计710天，占四年大学时间的50%。在剩余的710天中，课堂时间如按平均每天6个小时计算，也不过仅占4年大学时间的13%。由此计算，在四年的学习生活中有三年半的课余时间。因此，要培养学生的兴趣，提高课余时间的性价比。一是坚持开卷有益。大学前两年专业课开设少，压力相对还比较小，学生可以爱我所爱广泛涉猎，喜欢什么方面的知识就去图书馆或者上网了解。大学后两年学习的都是专业知识，要鼓励学生就自己感兴趣的领域多角度深入研究。二是坚持广开源路。学习知识并不局限在课堂内，要通过增设选修课程、举办人文讲座和思想论坛等，引导同学们自觉学习人文知识，提高人文素养。

（三）引导学生养成自学习惯

学生是具有丰富知识和综合能力的新型人才，自学能力是当代学生必须具备的基本能力之一。无论是现在还是将来，一个具有较强自学能力的学生始终能够站在时代和科技发展的最前沿，在激烈的社会竞争中立于不败之地。因此，要引导学生养成自学的好习惯。

一是要加强硬件建设，优化自学环境。随着扩招步伐的深入，学生规模也在迅速壮大，然而教室、图书馆等学习资源并没有与之相配套地增加。占位儿成为大学校园里一道独特的风景线，集中复习考试期间更是一座难求。因此，要大力加强自习室、图书馆等学习场所的硬件建设，为学生养成自学习惯奠定基础。

二是要加强学风建设，养成自学习惯。首先，要指导学生适应大学学习，入学教育要讲解大学学习的特点，让同学们有较为积极的感性认识，做好从高中阶段的“要我学”变为大学时代的“我要学”的思想准备；其次，要加强学习方式方法的指导，帮助同学们早日找到适合自己的学习方法，增加学习兴趣，提高学习效率；最后，要加强学生学习的监督管理，对有松懈情况的学生及时给予警醒，敦促学生在学习上一个都不掉队。这样，多措并举促进学生养成自学的好习惯。

三是要加强实践教学，强化自学能力。在实践过程中，学生可以把学到的理论得以验证并获得个性化体验。要搭建多种实践平台，加强实践教学，引导学生积极强化自学能力。

三、引导科学用网，为理想插上翅膀

（一）主动占领网络阵地

网络是继报刊、广播、电视之后兴起的第四媒体，具有传播范围广、交互性强、实时更新等方面的巨大优势。作为现代传媒的重要手段之一，网络已经成为意识形态斗争的新阵地。

高校要用积极健康的思想文化占领网络宣传教育阵地。一是校园网要适合学生特点，以信息对口吸引学生。如开辟校园论坛使之成为学生学习知识、抒发情感、探讨人生、“聊天灌水”的好地方，同时为学校思想工作者了解学生、走近学生心灵提供方便。二是要组建一支结构合理的网站人才梯队，抢占网络阵地“制高点”。梯队中既有“网络宣传员”，又有“网络工程师”，这样无论遭遇什么新情况、新问题，都能游刃有余地面对。三是倾听师生呼声，把校园网作为畅通民主办学渠道的重要载体。如通过开设“书记信箱”“校长信箱”等，对广大师生反映的问题给予解决，对广大师生有疑惑的问题给予及时解答。四是要注意正确认识和处理好几个关系，即趋利与避害、监督与引导、教育与服务、网上与网下等几个重要关系。充分认识互联网的利与弊，通过扎实努力的工作，加强正面引导，坚持用优秀的思想文化占领高校网络阵地。

政府部门要加强对网络的监管，执行严格的责任追究制，严厉打击网络犯罪，最大化净化网络环境。网站管理员要加强对网络信息的监控和分析，提高文化建设的针对性和宣传质量。网络评论员要加强对网络舆论的引导，主动介入知名论坛和交互式栏目的讨论，引导人们关心的热点和难点问题，确保网络文化的正确导向。政府部门应加强培养商业网站的社会责任感，要求他们不能为了经济利益出卖良知，主动对网站上的信息进行认真筛查。

（二）引导学生文明上网

由于互联网的虚拟性，传统道德的约束力、法律的权威性均被弱化，在现实生活中遵纪守法的学生一旦成为网民就有可能目无法纪，传统道德中的社会舆论、内心信念和传统习惯对学生的约束，在网络世界中形同虚设，网络道德行为失范的现象时有发生。因此，要加强网络道德教育，引导学生文明上网。

目前，学生网络道德主要牵涉知识产权、信息安全、个人隐私等方面的问题。网络道德教育既要有网络意识、网络规范和网络行为准则的灌输，也要有网络道德情感和意志的培养；既要有对理论的传授与讨论，也要有对具体的网络道德失范行为的剖析与评价。可以通过开展“网德”大讨论活动，强化网络上的自律意识和道德意识，提高网络自我教育的功能，培养高尚的网络道德情操和行为。

开展网络道德教育要与法律、法制教育相结合。要教育学生了解并遵守有关网络管理中的法律、法规，促使、引导他们形成良好的、自觉的网络道德观，自觉约束自己的网络行为，切实履行维护网络空间秩序的社会（包括现实的和虚拟的）责任和义务。

（三）正确利用网络创造价值

网络带来了挑战，也创造了机遇，有的学生沉溺网络游戏断送未竟的学业，有些学生却能把网络打造成聚宝盆，通过开办网店等学会自主创业。财经类专业的学生中“网络淘金”的比较多。网络创业风险小、灵活便捷，特别是个人网上开店门槛低、投入成本小，比较适合资金有限的学生。不少学生就在淘宝、拍拍、易趣、当当等网站开网店销售产品，成功案例屡见不鲜。但是，网络创业并非“零风险”，学生涉世不深，在市场鱼龙混杂的现状下，一定要加强对学生的教育，引导他们做到以下三点：首先，要在保证学业的基础上充分调研市场，了解顾客群体的需求，做好充分的准备；其次，要组建合理的创业团队，成员应各有专长，能胜任各自分工负责的工作；最后，规划好近期和长远发展目标，明确各阶段的工作重点。

网络创业要警惕传销陷阱。近来从事传销的不法分子改换了传销的形式，以更为隐蔽的方式、打着一些貌似合法的幌子来诈骗，要教育创业心切的学生们切勿轻信、传播此类信息，对于貌似真实的信息，也要事先向工商行政管理部门请教求证，为学生的安全保驾护航。

四、加强教师队伍建设，积极发挥主导作用

教师是学生学习主渠道即课堂教学的主导者，也是学生成长成才的指导者和引路人。教师在教学过程中是影响学生、影响教学过程诸多因素中最积极的因素，是能够制约其他因素的因素。在教学过程中强调学生的主体地位，也不能忽略教师的主导作用。轰轰烈烈的教改过程中，教师的角色意识明显加强，但教育教学手段改进情况尚不能满足学生日益多样化的学习方式的需求。因此，要注重加强教师队伍建设，提升教师教学品质，真正做到教学相长，让教师在学生成长成才的过程中发挥更为积极有效的主导作用。

（一）强化角色意识

从传统的教育思想来看，教师的职责是传道、授业、解惑。为“师”要有自己的基本观点、知识和学术水平，要有娴熟的解决疑难问题的教学方法；为“表”要有高尚的品德与情操，要有崇高的精神境界。现代教学思想则在此基础上对教师提出了更高的要求，因此，教师要强化角色意识。

一是要强化责任意识。教师不是雕塑家，却塑造着世界上最珍贵的艺术品。大学教师更是肩负着为国家培养有理想、有道德、有文化、有纪律，能适应市场经济和社会发展需求的不同层次的高级专门人才的历史重任。教师要增强责任感和事业心，把追求理想、塑造心灵、传承知识当成人生的最大追求，关爱每一名学生，关心每一名学生的成长进步，努力成为学生的良师益友，成为学生健康成长的指导者和引路人。

二是要强化奉献意识。很多人认为高校教师工作轻松、收入高，其实他们并不知晓大部分辛勤工作在教学一线的教师只能靠工资维持基本生活。少数高校富翁大都是兼职成了主业，教书退为副业，这对整个教师群体产生了消极刺激。因此，要在改善教师待遇的同时强化教师的奉献意识，让他们切实履行好教书育人的神圣使命。

三是要强化创新意识。当今时代知识更新的周期越来越短，培养创新型人才的教师更需要自觉强化创新意识。要培养全面发展的优秀人才，必须树立先进的教育理念，敢于冲破传统观念的束缚，在办学体制、教学内容、教育方法、评价方式等方面进行大胆的探索和改革。

（二）提高自身素质

教师的角色行为，第一是在教学过程中确定教学内容和手段，为学生规定某一学科领域所必须掌握的稳定的基础知识和工具性知识的范围；阐明有关科学技术领域的基本发展方向、思潮和趋势；对学生一般发展、世界观和扩大科学发展的视野提出要求。第二是采取各种教学措施，激励学生发挥个人最佳的学习潜能，协调学生的能力与课程、教学程序、教学媒介、作业之间的关系，进行合理的安排。第三是创建优良的班级气氛和规范性的团体动力结构。第四是配合学校和学科的教学目标，帮助学生充实学习经验，选择评估学生表现的方法，并利用评价的结果，增进学习和教学效果。因此，教师要高质量完成自己的角色任务，就需不断提高自身素质。

一是要不断丰富学识。俗话说得好，要给学生一碗水，老师就得有一桶水。当代学生求知欲强，网络的普及为他们拓宽知识面提供了非常便利的条件，他们对教师的期盼值也越来越高。教材的权威性决定了它的更新速度，如果仅以教材和教师参考书为凭进行备课的话，肯定满足不了学生的需求。教师应该树立终身学习的理念，主动学习新知识，拓宽知识面，不断更新知识结构，做到学高为师。

二是要提高学术水平。教学与科研密切相关、水乳交融、相辅相成，共同构成大学教师的学术活动。大学教师不仅要博览群书，而且需埋头钻研，切实提高自己的学术水平，通过扎扎实实研究，了解本学科领域的科研动态，在教学的过程中及时传达科研前沿，引导学生走在知识的前端。大学教师尤其要恪守学术道德，自觉抵制抄袭、造假等不正之风。

三是要修炼教学艺术。有些教师学富五车，科研作品屡获大奖，却怎么也得不到学生的广泛认可，其根源就是不能充分发挥教学情感的功能。教学不仅是一门学问，更是一门艺术。因此，教师还要注意修炼教学艺术，掌握教学法则和美学尺度的要求，学会熟练运用综合的教学技能技巧，提高教学效率，增强感染力。

（三）健全激励机制

现行的人才评价机制以及人才评聘机制不尽合理。事关教师切身利益的职称评定中，对教学的条件仅局限于学时、教学评价等基本要求，而学术论文、科技奖励、课题项目和著作教材等却成为制胜的重要砝码。时下，高校对教学奖和科研奖的奖励措施也是厚此薄彼，对科技进步奖获得者是大张旗鼓隆重表彰重金奖励，而全国教学名师却仅在教师节上被口头表彰而已。利益权衡之下，有些教师就不惜花费大量的时间和精力为科研而科研。因此，要健全激励制度，鼓励教师把最主要的精力投入教学工作中。一是要加大教学奖励力度，对学生最喜爱的教师大力宣传表彰，让每年的评教不再是应景之举。二是要加强教育教学研究。鼓励教师不要把眼光局限于纯学术研究上，而是要多进行教育教学的研究，真正做到教研互长。

第三节　现代英语学习方式信息化创新

一、信息化背景下英语自主学习

（一）信息化背景下英语自主学习的动机培养

1.进行面对面交流，降低学生的焦虑

信息社会的到来和科学技术的高速发展，使得学生接触到的高科技产品越来越多，获取信息的渠道也越来越广，但是面临如此多的信息获取渠道，反而会使学生不知道从何着手，在浪费了时间的同时，也没有得到收获。这一负面影响最为显著的是大一新生，在他们还没有适应新的学习环境和方式时，自身的思维和意识依旧停留在对教师的依赖，希望受到教师的指点和引导，由此便决定了他们在没有教师及时指导的情况下，产生一定的焦虑情绪，严重的会失去对学习的信心，从而无法完成学习任务，有些学生甚至放弃英语的学习。为此，教师应该使用网络在线信息引导和课堂面授反馈相结合的方式，帮助学生掌握英语学习方法，提高英语学习效率[①]。

（1）在线信息引导。所谓在线信息引导指教师可以基于网络指导和帮助学生进行语言学习，节省学生浏览网页的时间，为学生的信息选择和获取提供服务。

（2）课堂面授反馈。在现代教育理念和教学模式中的“翻转课堂”，使用多种方法来检查学生在线和离线的学习条件，讲述常见的问题，指导学生学习分析常见问题的原因，并采取多种措施来解决问题，不断提高学生自主学习的效率。

① 李岱菊.现代信息技术在大学英语课程教学中的运用[J].轻合金加工技术，2020，48（1）：69.

例如，读写课堂教学主要训练学生的阅读技巧，为实现这一教学目的，英语教师可以就不同的英语段落设置问题，并对每一段落中的核心词汇和短语加以重点标注，这样，学生在借助网络进行英语自主学习时，可以针对教师所设置的问题进行学习，在节省时间的同时也提高了学习效率。同时，学生在学习文章时，还应当借助网络了解与文章作者、写作背景、写作目的等有关的学习资料，分析并厘清文章的结构，能够把握文章的主题思想。

在接下来的课堂上，老师应该让学生在文章中翻译短语和词汇，以及情景对话，这样可以更直观地检测学生的学习情况。课堂教学活动都结束后，老师要做的是肯定和表扬学生的自主学习，然后指出其存在的问题后，帮助学生找到自我学习并加以改进的不足之处，并增强学生在自主学习方面的自信心。

2.采用多样化的教学方法，培养学生的自主学习兴趣

信息化背景下，英语教学拥有丰富的教学资源，可以采用较为直观、生动、形象的教学方法，帮助学生更好地进行自主学习。但应当注意的是，教师在为学生选择学习视频或音频时，不能过于随意，应当结合所要学习的知识点，考虑学生的现有语言水平，增强学习资源的针对性和有效性①。

（1）人机交互。教师应大力鼓励学生使用英语学习平台，开展口语和听力教材中“视觉听说”训练，一边听一边复述他们所听到的对话，并掌握单词发音技能和技巧，特别是弱读和重读的发音技巧。这不仅锻炼了学生的听读能力，也在一定程度上有利于学生的口语表达能力，训练其利用英语进行对话的能力，激发学生学习英语的热情和兴趣，从而更好地开展英语自主学习。

（2）主题讨论。主题讨论借助腾讯QQ、微信等网络通信技术实现。在进行主题讨论时，教师可以单元教学内容为依据进行问题设置，并将学生分成若干个学习小组进行讨论。在进行问题讨论时，学生可以脱离内容限制，也可以不考虑自己的观点正确与否、语法正确与否，将自己放在与教师平等的地位进行探讨，在这样一个较为自由、宽松的学习环境中，可以最大限度地激发学生的学习兴趣，发散其学习思维，让学生通过面对面的沟通与交流，习惯用英语表达。在课后，教师应当安排学生对自己的语法和不会表达的英语词汇进行查找和学习，增

① 宋琳琳，张丽.融合混合式教学改革大学英语精读课程[J].中国成人教育，2019，（19）：66-68

强学生的词汇印象和记忆。

（3）课堂情境创设。传统的英语教学方式和教师的备课模式在信息社会中出现较大改变。在现代化的英语课堂教学中，教师不再是一个人站在讲台上滔滔不绝地讲课，更多的是欣赏学生的学习作品与成果。教师在进行备课时，也不再如传统教学一般，在纸张上罗列教学过程，而是借助PPT等现代信息技术，在授课过程中插入相应问题，并让学生进行预习。

例如，在正式上课前的导入部分，教师可以利用多媒体或电脑播放一首与学生将要学习内容有关的歌曲或视频，引起学生的学习兴趣；在教学过程中，教师可以安排学生进行抢答、学生制作与展示幻灯片、歌剧表演、小组讨论等方式，抑或让学生自主选择表现形式，让学生在活动中充分展现自我，在愉快的氛围中进行英语的自主学习。

3.培养合作式的学习氛围，激发学生自主学习的动机

个性化是信息技术环境下英语自主学习的一大特色，但不能否认的是，信息技术也会对英语学习产生一定的负面影响。例如，有的学生会因为缺少与教师面对面交流而产生学习焦虑，严重的甚至会放弃英语学习。在学生进行自主学习时，如果教师可以适时参与其中，可以缓解这一问题的出现。由此，在英语自主学习过程中，可以借助以下方式减少学生焦虑情绪的产生。

（1）在线交流。教师和学生在线沟通和交流，可以借助网络通信软件完成。

（2）在线合作学习。通过在线合作学习，教师可以依据教材内容设置问题和任务，帮助学生提升独立解决问题的能力，还要帮助学生树立合作精神，有利于发挥英语基础较好学生的带动作用，为基础较薄弱的学生提供辅导和帮助。

在线合作学习最大的特征在于灵活性，学习者只要在规定的时间内完成学习，而不再局限于统一的时间和统一的地点学习。学习结束以后，将学习成果在全班共享，甚至可以将比较优秀的教学成果在全年级共享。

（3）课堂合作学习。课堂合作学习有利于突显学生的主体地位，强化学生参与的积极性和主动性，在一定程度上改善课堂教学氛围，对学生的独立思考能力和表达能力的培养具有重要作用。

在大学课堂教学中，教师发挥的作用主要体现在两个方面：启发和引导。在课堂合作学习过程中，教师可以采用拼图法、猜词法、抢答法、编号法、分组讨

论法、记分法等组织形式，根据学生的实际水平，设置相应的问题和教学内容，力争让每一个学生都参与其中，让每一个学生都可以感受到教师的重视和在课堂教学中的重要性。在学生进行讨论时，教师可以请学生将自己的观点加以阐述。随后，教师针对学生的观点进行点评和总结。在总结过程中，教师首先要做的是对学生的观点加以肯定，在此基础上再提出问题和不足。这一学习方法在活跃课堂气氛的同时，也会拉近学生与学生之间、教师和学生之间的关系，帮助学生克服焦虑情绪，强化其进行语言学习的动机。

综上所述，教师应当根据授课班级情况进行具体分析，采用合适的教学方法和手段，充分利用现代信息技术和多媒体，营造一个轻松的学习环境与氛围，激发学生的学习动机与兴趣，为社会发展培养所需要的人才。

（二）信息化背景下英语网络自主学习中心及其建设

1.英语网络自主学习的要素

现在，很多高校都建立了网络外语自主学习中心，而且逐步发展成学生网络外语自主学习的主要方式。这一学习平台有别于传统的自主学习平台。和传统的自主学习需要一定的物理场所作为支撑的不同之处在于，网络英语自主学习是在线学习系统，只有具备相应元素，才能确保网络英语学习中心的理想化发展。

（1）学习资料和使用指南。

第一，学习资料。学习资料包括各类书籍文本资料、多媒体视听资料、课件、测试题等等。

第二，使用指南。使用指南指导学习者使用平台上的学习资料。学习指南可以是文本形式，也可以是应用程序的形式。

（2）在线导师辅导和学习者档案系统。

第一，在线导师辅导。在线导师辅导针对学习者的特点和需求，提供实时辅导，解答学习方法和学习内容方面的问题，帮助学习者对学习的各方面做出决策。在线辅导人员必须具备全面的英语教学专业知识，一般可由英语教师担任。

第二，学习者档案系统。学习者档案系统记录学习者在中心的各种学习活动和结果，包括学习者的来访记录、资料使用情况、测试与评估情况等。

（3）测试与评估软件系统。此系统可以对学习者的英语水平、学习能力、学习风格等提供在线评估，可以提供学习决策和建议。如果有教师在学习者需要时能够提供在线支持，效果则更好。

（4）在线互动平台和在线课程。

第一，在线互动平台。学习中心可以为学习者相互之间的交流提供平台，如博客、聊天室等。

第二，在线课程。学习中心可以提供学校正式课程以外的辅导型课程，帮助学习者有针对性地提高相关能力①。

2.英语网络自主学习的作用

（1）优化学生的自主学习环境。当前，多数高校英语网络自主学习对英语学习平台进行登录时，均是通过校园网完成。在安排学习时间时，必须针对英语网络自主学习室的学习安排学时，网络自主学习室必须配置专业的辅导教师负责解答学生提出的问题，学校公共计算机机房资源应该按照现实状况，面向学生开放。

（2）增加趣味性的学习互动模块。教师是课堂教学中师生互动的主导者，教学效果会在互动教学推动下获得极大提升。在设计网络学习系统时，应该着重关注互动环节在网络英语自主学习平台中的实施，互动模式要与在学生中普及的多种社交平台进行融合。为了实现及时互动与在线教学，应该将学习互动交流群、学习微信公众号、学习讨论微博平台与学习答疑平台融入学习系统中。为了提升学习的吸引力以及学生对学习的兴趣，应该在现代化的社交模式基础上，实现立体化的教学互动。

（3）引入移动应用软件学习模块。在移动网络极速进步的大背景下，现在学生群体已经开始广泛使用智能手机，移动设备在学生的交往生活中发挥着重要作用。让学生的手机装入英语自主学习平台的应用软件，可以使学生的学习摆脱时空限制，真正获得自主性，从而消除传统学习弊端，同时应用软件可以按照学生的学习状况及时通知学习进展，还可以把多数学生提到的学习难点推送给每个用户。在大数据协助下，对引起学生关注的学习资源统计进行及时公开，引导学生在课余时间通过手机软件学习，从而提升学生学习的主动性以及学习成效。

英语网络自主学习平台建设，可以使学生摆脱时空束缚，提升学习的个性化、自主性以及选择性。利用构建规模庞大的网络学习资源库，能够增强学生学

① 林新事.英语课程与教学研究[M].杭州：浙江大学出版社，2008.

习英语课程的兴趣，使学生的英语语言综合能力得到显著提升，使科学化、网络化、智能化成为英语教学未来的发展趋势，推动英语教学的进一步发展。

3.英语网络自主学习的具体措施

（1）加强外语信息资源个性化建设。目前，各大高校自主学习中心采用的是专门制作的学习资源，如《新视野大学英语》系统。该系统将词汇练习、翻译练习、听力、写作练习等同课本内容涵盖其中，诸多高校的学生听说训练系统还选用的是《体验英语》《新理念英语》，然而与学生个性化学习的要求还有很大差距。对此，自主学习中心必须对外语学习资源进行进一步拓展。

第一，在信息化高速发展的今天，教师能够按照学生能力，对其他国家的原版教学资料进行搜集与编辑，并在学生自主学习过程中运用这些素材。与真实的语料进行密切接触是语言学习的必由之路，鉴于学生对有趣的内容更加感兴趣，中心可对西方电视台的诸多节目，如新闻、娱乐、访谈等视频进行搜集，供学生选用。虽然大部分教师在教学过程中鼓励学生在课余时间对西方国家的主流媒体、报刊、文章进行浏览，但是在现实中，只有少数学生具有这种积极性。因此，教师应该在资料库中定期导入经过仔细挑选的素材，为学生的自主学习奠定基础。倘若条件充分，还可将部分语言指导融入其中。

第二，我国大部分高校均将EAP教学，也就是学术英语教学作为未来英语教学的重点加以推广，学习资源以学生的专业为依据进行提供。为此，高校英语教学不仅要使学生的一般需求得到满足，而且要使学生获得个性化学习空间。

（2）提升自主学习中心的管理水平。只有全体工作人员一起努力，自主学习中心才能正常有效运转。首先，技术人员为硬件设施提供维护工作；其次，全院领导和教师同心协力，中心才能正常运转。领导进行整体规划，教师则承担方案的推行，并在推行时寻找问题，对有关数据进行搜集，为后续调整奠定基础。此外，信息交流应该有畅通的渠道，上级领导的要求才能顺利传达，中心的运转状况才能明确地呈现出来。

自主学习中心使传统的教学模式发生很大改变，为学生提供了极为丰富的学习资源，推动学习方式朝着个性化方向发展。然而，自主学习中心建设不是为了使教师获得更加充裕的休息时间。相反，教师会付出更加辛勤的劳动。学校和学院应该在资金与政策方面提供更多支持。唯有教师的积极性被激发出来，全员参与，才能确保达到更好的教学效果。

（3）突出教师在自主学习中心的作用。教师在构建自主学习中心的过程中发挥着重要作用，教师为资源收集提供了很大助力。由于教师长期从事教学活动，熟知学生在学习方面的状况与要求，能够有针对性地对学习材料进行搜集与挑选，同时中心必须及时更新视频和各种时事资源，也与教师的认真劳动有着密切联系。由于在专业方面有着一定限制，外语教师在对关于EAP教学资料进行搜集时，会遇到其他学科的专业资料，对此，外语教师应该同专业课教师保持密切联系。

在学生自主学习过程中，教师发挥着重要作用。尽管自主学习为学生学习语言提供了很大的便利，然而，其面临着监督乏力、指导不力的问题。在高校扩招的大背景下，高校学生人数大幅度增加，而很多学生仍然同高中时期一样，对教师有很强的依赖性，有的学生在挑选学习素材时仅关注相对简单的部分。为了使学生的自主学习水平得到增强，教师必须发挥引导作用，鼓励学生在自主学习中心学习时制定具体的学习目标与学习计划，对学习材料与方法进行认真挑选，对学习进度进行管控，对自身的学习成效进行评估。在此过程中，教师应该将各种问题及时反馈给学生，使学生体会到自主学习是课堂学习的拓展。

二、信息化背景下英语移动学习

（一）信息化背景下英语移动学习实施的可行性

1.学校具备实施的教育环境

（1）现代知识观的转变。现代知识观与传统知识观存在巨大差异，这种转变主要涉及知识的本质、存在的状态、属性与种类以及范围与价值。具体指从绝对意义上的真理到生成构建的知识本质的大转变；从最初的公共知识逐步转变为个体知识；传统知识观按照层次分类，现代知识观是通过类别分类。现代知识观的转变，实质上是角色转变，具体来说，是由旁观者到参与者的角色转变，下面将从三大方向展开论述。

第一，知识内在于人的经验构造。人性与知识之间所建立的内在联系，源于人类所进行的一系列活动。知识在一定程度上反映人们的价值取向，在实际生活中不存在脱离人类活动的知识。

第二，知识是一个开放的生态系统。此处所提到的生态系统只是一种类比，在知识生态系统中，社会经济、文化交织在一起，构成复杂的生态关系，不同领域的知识交汇在一起，形成相对开放的生态系统。

第三，知识是一个动态的发展过程。知识并不是一成不变的，而是在不断发生变化，随着历史的变迁，人们的认知成果随之发生巨大改变，意味着知识是动态发展过程。因此，人的意识以及认知成果总是随着时代的不同而发生变化。人类认知的局限性也源于历史具有一定的局限性，并且历史的客观事实与实践结果还存在较大差异。之所以说知识是动态的发展过程，是因为人类的认知是建立在实践基础上，实践本身就是动态的过程。

（2）现代学校的发展。学校诞生于工业革命时期，是一种典型的教育组织形式。为了满足工业化大生产迅速扩张所造成对于技术人才需求的猛增，学校作为一种能够“批量生产”人才的“工厂”应运而生。在过去的发展过程中，学校作为教学组织形式、班级作为授课模式，基本上没有发生改变，与人类社会在其他方面的不断进步和变革形成强烈反差。

互联网的快速发展使网络远程教学方式越来越受到人们的关注。网络大学以独特的魅力冲击着传统大学的樊篱，越来越多的人开始认识它、接受它。移动技术的应用和逐步普及，无疑将加快变革的步伐，以网络技术应用于学生主体为特征的新的教育时代正向人们走来。具体而言，现代学校主要在六个方面发生变化。

第一，学习是与生活紧密相关的。

第二，学习是主动的、与语境相关的、模块化的、实践的。

第三，教师不是“教”知识，他们是顾问、向导、教练、导师、学习帮助者，他们通过观察和聆听给予反馈、询问有挑战性的问题、提醒易疏忽的问题、鼓励好奇心等方式开展教学。

第四，课程并非由学科和年级构成，课程是灵活的且有丰富的“能力矩阵”，为了将不同的生活计划转化为现实，学生各自发展不同的能力，学生不必拥有相同的学习计划，学生之间应该有差异，每个学生不需要发展所有的能力，只需要发展将自己的生活计划转化为现实所需要的能力。

第五，学校将以多种形式存在，将整合家庭与社区，学习不仅限于在学校，而必须有更广的视角。

第六，在教学方法方面，过去是教师知道答案并将答案告诉学生，现在是教师和学生一起提出问题、解决问题，以问题—探究—项目为基础的学习至关重要。其中，问题—探究—项目教学具体实施的步骤为：首先发现／提出问题，然后进行批判性思维（信息处理），进而解决问题，最后获取知识／结果报告。

2.学校具备实施的物质前提

（1）伴随着信息时代的到来，移动设备经历从无到有的过程，现在智能手机已经基本普及，线上学习对于大多数学生来说没有任何障碍。调查研究表明，学生至少人手一部智能手机，并且移动设备完全可以保证正常的学习与生活。

（2）无线网的全覆盖为移动学习提供了无限便利。无线网可分为两类：一类是公共场所的免费无线网，另一类是运营商会收取费用的无线网络。网络的全面覆盖，使得人们随时随地都可以接收消息、观看学习视频以及下载学习资源。聊天软件中的视频语音为学习者与教授者之间的沟通提供了极大便利，并不亚于线下教学。

（3）如今，多媒体设备已经成为课堂中必不可少的一部分，英语教师可以充分利用丰富的网络资源，不断开阔学生的眼界。随着信息技术的飞速发展，各种学习软件层出不穷，英语教师可以利用不同的教学软件，选择适合教学的资源，将资源与同学共享，从而达到最佳的教学效果。

（4）线上学习软件开发逐渐简单化，结合众多设计理念以及经验，需要掌握的新技术越来越少并且制作工具越来越多，使得线上学习软件开发的门槛不断降低。

英语教学对于学生听、说、读、写、译五大基本能力的培养，都可以完全通过学习软件实现，而课堂面授与移动学习相互融合、渗透，能够得到更优的教学效果。此种授课方式不仅可以延长学生复习的时间，还可以不断增长学生的课外知识。

3.学生具备接受移动学习的能力

上述所提到的是学校针对移动学习所具备的物质前提，而更重要的是学生需要具备接受移动学习的能力。尽管大学时间分配较为自由，但课堂时间仍非常有限，此时需要学生能够自主开展移动学习，这种做法也逐渐成为学生所必须掌握的能力。

（1）自我效能感。所谓的自我效能感，具体指自身完成某些事情时对于所具备能力的认同感与自信心。众多专家学者研究表明，具有自我效能感的学生，更容易对学习产生浓厚的兴趣，能够取得令人满意的成绩。

（2）自我学习管理能力。自主学习离不开自我管理，科学有效的自我管理也是能力的体现，这种能力主要表现在学习计划的完美设定、学习目标十分明确、学习时间运用较为恰当、学习方法与方式较为得体、能够约束与严格要求自我，这些从侧面体现出学生的综合能力。

大学生不同于初中生以及高中生，他们具备一定的自主学习能力，具有较为明确的学习目标，而移动教育与传统教育最大的差异在于，移动教育要求学生能够在众多教学资源中进行一定筛选，因为个体存在众多差异，所需要的教学资源也各不相同。

（3）绩效期望。不同的个体对于移动学习的学习效率期望各不相同，此种期望称为绩效期望。绩效期望越高，证明个体对于移动学习的学习效率期望值越高，换言之，学生的学习意愿越强烈。

（二）信息化背景下英语移动学习的实现方式与应用策略

1.英语移动学习的实现方式

（1）基于短消息的移动学习。在如今的社会环境中，处事是否简捷、高效，受到人们的广泛关注。建立在短消息上的移动学习便是一种简捷、高效的学习方式。此种学习方式拉近了教师和学生之间的距离，使同学和同学之间、同学和教师之间的交流更加频繁和便捷，在交流讨论问题的同时，化解师生之间的隔阂，使两者的关系更加亲密。具体来说，学生在学习过程中遇到问题时，可以通过短消息的形式，随时与教师沟通，一个问题可以同时向多个教师和同学请教，不同的人有不同的解题思路和解题方法，都有助于提高学生的思维能力和解题能力。教师在回答学生问题时，系统会优化和转换教师的答案，最大限度地为学生的学习提供帮助和便利。

简单、快捷是基于短消息的移动学习优势所在。通过这一方式来激发学生的学习兴趣，拓展师生之间、生生之间的交流渠道，教师通过反馈的信息帮助学生端正学习态度，为学生个性化学习的有效实施提供保证。

（2）基于连接浏览的移动学习。相对基于连接浏览的移动学习，基于短消息的移动学习有诸多不足之处，具体表现为数据通信的间断性和非实时性，很难实现多媒体资源的浏览和展示。随着科学技术的进一步发展，通信芯片的性能有了进一步提高，加之通信技术的完善，移动学习服务质量的便利性也较之前有了提高。借助连接浏览的移动学习模式，学生可以利用学习终端访问教学资源的服务器，实现实时交互和浏览，打破时间和地点的限制。学生如果需要查找学习资料，可以借助网络获取，并浏览和下载。经过下载的信息在移动学习终端可以长时间保存，即使是在脱机状态下，学生也可以借助已下载的资料进行自主学习。

（3）基于视频通话交互的移动学习。让学习者在移动的状态下进行轻松、快乐的学习，是移动学习的核心宗旨。随时性和随地性是移动学习的一大特色，不同于传统课堂教学中的有问即答，在移动学习中，学习者可以借助语音和视频，解决个人在学习过程中所遇到的难题。以这种方式给学生创造一个良好的学习环境，让学生有条件利用自媒体学习终端工具进行直接交流。通过这种直观方式感受英语实时课堂，积极参与到课堂学习和讨论中来，体验到学习英语的乐趣。

2.英语移动学习的应用策略

（1）充分利用社群和网络

随着时代变革，如今的教育学习模式早已发生翻天覆地的变化。从传统的被动听课，到如今以学生自主学习为学习中心，传统的教学模式正在朝着协作与竞争并存的新型教育模式发展。在如今的教学过程中，学生利用学习群体和社交网络自主学习，学生的知识来源更加广泛，学习过程更加轻松。

（2）树立创造、协作和交际的目的。与传统教学不同的是，网络学习要求学生必须具有一定的自我控制能力，抵制各种诱惑，严格要求自己，保持自律性。大部分学生在校学习期间能够认真学习，但是在无人监督的情况下，通常会半途而废。因此，教师需要根据学生的实际学习情况，制订不同的教学计划，保证每位学生都能够积极高效地参与学习。

（3）将解决问题的各个方面组合起来，以满足学习需求。和传统的教学方式与线上学习方式相比，移动学习有独到的优势。移动学习可以看作将传统学习与线上学习相互结合而成，线上学习最大的缺点是学生难以抵挡互联网的诱惑，在上课期间往往会做与学习无关的事，移动学习的学习设备和计算机相比，在功能上有着明显差异，学生在上课期间处理其他事情，会很难有良好的学习体验，因此，移动学习在一定程度上起到督促学生学习的作用。

基于上述原因，不应该将移动学习视为一种解决问题的单一方案或工具，而应将其视为教师教学“工具箱”中一系列新工具的组成部分，与其他工具组合起来，才能够实现具体的教学目标。所谓的一系列新工具主要包括：①短信息服务，既可作为一种发展和检查技能的工具，也可作为收集反馈的工具；②基于音频材料的学习，可借助iPad、MP3播放器、播客等工具；③将JaVa测试下载到有彩色显示屏的手机上；④基于PDA的焦点学习模块；⑤用手机摄像收集各种媒体信息；⑥借助短信息、彩信、摄像头、电子邮件或网络等工具，实现在线出版和在线播客功能[①]。

① 何广铿.英语教学法教程：理论与实践[M].广州：暨南大学出版社，2011.

第五章　整体教学及其设计

第一节　整体教学概述

一、整体教学法概论

英语是一门实践性很强的技能科目，在英语教学中最突出的问题是“聋哑症”，即有些学生虽然经过多年的学习，初步掌握了数百甚至数千个单词，也懂得一些语法规则，但仍然听不懂、说不出，阅读能力也十分薄弱。为解决这个难题，笔者在教学中参考了国内外的多种教学法，在借鉴视听法和认知法方面进行了一些探索：视听教学法于20世纪50年代首创于法国，是当时法国对外国成年人进行短期速成教学的一种方法。它是以学习日常会话为主旨的教学方法。由于它强调耳、眼、脑等感官作为整体去感知语言材料，而语言材料的三要素——形、音、义也要连为整体而被感知，故又称作视听整体结构法。究其本质，它是听说法的发展。听说法的一些原则和做法都为它所接受。视听结合的方法比单纯依靠听觉或视觉来理解、记忆和储存的语言材料要多得多。视觉形象为学生提供形象思维的条件，促使学生自然和牢固地掌握外语。它的主要特点是：整体感知，视听并用，情景为主，以情景联系话语。而认知法是20世纪60年代美国著名心理学家卡鲁尔首先提出的，是作为听说法对立面产生的。认知法企图用认知—符号学习理论代替听说法的刺激—反应学习理论。认知教学法，也被称为“认知—符号法”。它以认知心理学为理论依据，重视感知、理解、逻辑思维等智力活动在获取知识过程中的积极作用，强调对语言规则的理解，着眼于培养学生实际运用外语的语言综合能力。经过多年教学的实践，笔者认为，“整体教学法”吸收了上述两种教学法中的优点，不失为解决诸如“聋哑症”问题的一个较好的途径。

二、整体性教学的体现

整体性教学的特点体现在以下几个方面。

（一）以整体视角看待学习内容

指向推动学生学习方式改变的教学源于从学生视角理解学习内容。由教师提供的、具有教学意图的教学材料才是学生现实的认识对象。教师能否提供适合学生学习并利于促进学生发展的教学材料取决于教师对所教学科整体结构的把握、对学科精神的领会，取决于教师对学生学习内容的理解。学生的学习内容不应仅仅局限于认知领域。从学习过程来看，良好的学习本身就是一个包括三个维度且三个维度都活跃的过程。从学生长远发展来看，学生总是生活在集体中，学习离不开与身边人、环境的互动。因此，教师在以本学科知识为主的情况下建立全面的学习内容观还是非常重要的。当然不可否认的是，作为学科教师，学科教学依然是教学的重中之重，知识的传递依然是教学的重要内容，但这并不妨碍教师在学科教学的同时，兼顾学生的其他收获，如关于元认知、认识环境及认识自我、意义建构等。这样的学习才可以在实现学科收获的同时实现学生的全面发展，如学习动机的加强、学习合作共同体的建立等。

从学科学习内容的角度看，逻辑严谨、结构完整的知识体系，需要从整体视角看待学习内容，而不是人为地将知识进行碎片化处理。教师眼中的知识不是零散的，而是有结构的、有内在联系的，是有生命的整体，只有这样，才能给学生带来结构化的学习。从学科学习内容的角度看，以主题方式将学习内容结构化处理，每一个阶段的学习都有明确的主题纲领，这无疑有利于建立知识结构与网络，并且有利于学生学习。而主题的确定包括以知识间的关系为主题、以研究路径为主题、以学科思想发展为主题、以学科核心素养的进阶发展为主题等。当然，还有一个体现整体性的考虑，就是学生的认知基础，这一点本书特别放在整体性评价部分再具体探讨。

（二）以整体视角看待学习活动

学习活动是学生投入学习的主要形式，是学生发展的主要途径。在学习活动环节，整体性体现在以下几个方面。

（1）基于学生学习视角设计教学活动（学生的学习活动），应关注学习活动与指向的学习方式的一致性，即在进行学习活动设计时要加入学生学习方式的考量，每一个学习活动都会指向一个相应的学习方式。这是学习活动部分第一个整体性的体现。学生的发展归根结底是通过学生的学来实现的，会学具体体现在哪里呢？例如，用建构或者顺应甚至转换的方式来学习，是发展高阶思维的必经之路。能否建立新、旧知识之间的联系，能否对旧知识进行重构后加入新知识，能否在学习的过程中生成意义，等等，这些都与学习效果直接相关。

（2）学生的学习方式是可以通过学习表现体现出来的。整体性教学要体现学习活动与指向的学习方式的一致性，这实际上是知识发展过程与知识发展结果的一致性。这是学习活动部分第二个整体性的体现。

（3）学习活动环节的整体性还体现在学习活动设计与发展学生学科素养之间的一致性，即与学习目标的一致性。学科的主要知识内容都承担着不同的发展学科素养的功能，依据学习内容，设计合理的学习活动，这是学科素养发展的必经之路。每一门学科都有其学习过程，并且设计符合此学习过程的学习活动，在发展各个学科素养中尤其注意逻辑思维素养的发展，这也是整体性教学的重要体现。学生通过发展学科素养，最终能够用科学的眼光看待世界，能够用科学的语言表达世界，能够用科学的方式思考世界，形成理性精神。能够通过学科的学习学会合作，建立自信。

（三）以整体视角看待学习评价

教学中以上整体性既体现在学习过程中，也体现在学习目标的制定中。建立与学习目标一致的评价方式是整体性的又一个重要体现。整体性教学的学习目标总的来说是学以致用。目标是否达成需要在教学过程中设置评价环节来进行考查。另外，在每一个知识开始学习之前，都要对学生原有认知进行检测，教学设计应该是建立在学生原有认知基础上的，这也是评价环节中整体性的一个体现。评价的目的不仅仅是就教学中发现的问题及时做出调整，更重要的是通过评价尤其是学习过程中以学习方式为主的评价，了解学生是如何学习的，发现学生的学习态度、学习习惯、思维方式、知识基础、核心素养发展水平等，并且以评价为依据，对学生在后续的学习过程中采取有针对性的指导。个性化学习实现的必要条件就是教师在教学中允许学生自由表达、允许学生在学习中展现个性，并且教师要全面了解学生的个性。评价并重视评价结果是实现个性化学习的有效路径。

有了以上对于整体性教学的分析，也就有了整体性教学的实施路径。从对内容的整体性认识出发，到对学习活动的整体性设计，再到学习效果的评价（如应用），最后回到学生，形成对学生的全面认识，继而实施对学生的个性化指导。这个过程本身就是整体性的体现。教学设计的各个环节不是孤立的，而是各个环节目标、实施、评价相一致的整体。基于学生的教学应该是从学生的认知出发，经历一个学习的过程，又回到学生的个性化指导上。教师只有具有开阔的视野，才有可能实现通过教学促进学生学习方式的转变，继而实现学生的发展。

三、整体语言观与整体语言教学

（一）整体语言的含义

整体语言教学始于20世纪80年代的美国，最初应用于美国中小学语言阶段教授本族语儿童的语言艺术及阅读教学中。整体语言教学强调语言的整体性，反对把语言肢解成音素、词素、词汇、语法等；它强调口头语言（听、说）和书面语言（读、写）之间的互动性及内在联系，认为在自然的环境中，儿童书面语言能力的发展过程与口头语言能力的发展过程十分相似。因此，主张在教学中同时培养儿童的听、说、读、写能力，后来，整体语言教学法被广泛应用于外语教学等领域中。

从此，整体语言教学在各国语言教育者的共同努力下，被不断赋予新的内涵和解释。整体语言教学不是一种简单的语言教学方法和技巧，而是关于语言学习、语言教学、语言内容及学习环境的一整套理论和原则。整体语言的内涵包括：合作学习、以学生为中心的学习、对学习社团的集中关注、语言的社会性、真实自然环境下的语言使用、以意义为中心的语言学习、整体的非传统的评估技巧、四种语言技巧的结合。

语言应当是包含听说读写的一种综合性语言能力，在教学过程中要强调同时培养多种技能。同时，掌握第二语言主要靠学生间互相运用语言，而不是靠模仿，故应提供一定的语言环境，让学生在课内外都能做到“用中学”。

（二）整体语言的教学原则

整体语言教学是建立于构建主义心理学、功能语言学、心理语言学等多种学科研究成果上的一种新的教育理念。从目前研究成果来看，整体语言教学的原则主要包括以下七个方面。

（1）语言的学习是一个从整体到部分的过程。

整体语言教学理论认为语言教学应从整体入手，而后再从整体到部分。Goodman 提出：“应将语言作为一个整体，而不是孤立、零散的部分学习。”语言不能把语音、词汇、语法分开来教，也不能把听、说、读、写四个部分分开培养。学习者要有对语言的基本认识，按照语言自身的规律，发展语言技能。语言教学应从整体出发，听、说、读、写同时发展。

（2）语言教学必须以学生为中心。

语言教学要突出学习者的中心地位，考虑学生的需求、能力、兴趣、动机、目的、差异等，按语言学习的基本规律，安排教学活动，鼓励学生主动发现问题和解决问题，充分调动学生学习的积极性和主动性，有效地提高课堂效率。同时还要通过观察，根据学生的差异，分别给予不同的指导和要求，因材施教，使学生能够在原有的基础上，得到个性化的指导，从而提高个人学习的效果。

（3）教学是一个有意义、有目的的过程。

教学要做到充分考虑学习者的需求，因此在教学内容的选择上也要考虑是否符合这种需求，将语言学习与语言运用联系起来，让听、说、读、写的教学活动围绕一个有实用价值的主题展开，在课堂上创造出一种自然良好的以学生为主的语言环境，让学生有更多的机会进行语言实践。

（4）在社会互动中进行整体教学。

语言知识的积累和语言应用技能的培养依赖于自然的语言环境。除了在课堂上创造语言环境，还要鼓励学生积极参加英语角、英语沙龙、英语俱乐部等活动，开展群体互动教学活动，使他们能够更多地生活在英语语言的环境中，激发语言学习的积极性。

（5）学生听、说、读、写技能同步发展。

整体语言教学认为这四个方面是一个不可分割的整体，应该同时教授，在听说语言的同时，对学生进行读写训练，使学生的听、说、读、写综合能力在自然环境中得到同步发展。

（6）教师从传统的授课者转为活动策划者。

在课堂教学中，教师要精心策划课堂活动，引导和启发学生主动积极地参与课堂上的语言实践活动，使学生在实践中提高语言运用能力。

（7）允许在教学中使用母语。

整体语言教学法认为使用母语组织教学有助于学生建立概念，促进学生的英语习得，而且在成人教育中，适当使用母语能使学生更快地理解教学意图，对传承母语文化也有十分积极的作用。

随着英语教学改革的深入发展，将语言学、心理学和教育学有机结合起来的整体教学模式正在受到越来越多的人的关注。它强调听、说、读、写四大技能一体化以及教、学、测三大板块一体化，倡导语言教学应以“整体”为目标，在整体情境中进行整体认知、整体反应、整体评估。教学过程中侧重语言的实际运用，主张在自然情境中及使用中习得语言。同时教学内容的安排更多地考虑学生的兴趣、差异、个性、思维等因素，测试采用整体的、非传统的评估方法，提倡各个技能的同步培养，使英语学习发生质的飞跃。

整体教学模式为第二语言的教学提出了新的思路和观点，向传统教学法提出了新的挑战。它使英语课堂教学与学生课外自主学习相互呼应，改变了以往测试难以真正反映学生学习效果的尴尬，使学生用整体技巧来统帅英语学习的全过程，充分体现了其“整体性”特点。同时，其“交际性”和“自主性”特点使学生的英语学习变被动为主动，使学生个体从羞于交际到乐于交际、善于交际，使“教师中心”让位于“学生中心”，这必将极大地提高英语教与学的力度与效度。

第二节　整体教学中对教与学的理解

一、整体教学中对教学的理解

学生在校学习是统一课程、统一安排下的学习，这样的学习是有序开展的，是不能随意改变的，这就使得教成为学生学的重要引领方式。当然，真正以人为本的教学也要思考如何实现学生个性化发展的问题，这也是当下教学应该兼顾的部分。在整体、统一、有序开展学习这个大背景下，学校教的活动、学的活动的开展是由学生、教师、课程这三个基本元素组成的。只有对三方关系建立科学的理解，才有可能建立一个完整的教学框架或者教学主张，这就需要从最根本的问题入手，也就是理解教学，理解教与学的关系，理解教学的根本目标。北京师范大学的郭华教授提出："教学的根本问题，是外部知识如何被学生获得、占有并转而成为学生个体的内在力量、精神财富的问题。"这说明教学要解决的是学生学习并实现发展的问题。不同的教学将提供给学生不同的学习，不同的学习又会产生不同的学习效果。良好的学习效果可以实现立德树人的根本目标，即郭华教授所提出的教学活动的根本目的在于培养真正能够进入社会历史实践的主体。因此，教学是促进学生学习的方式。教学效果的体现应该是学习效果的表现。在深度理解教与学的关系上，郭华教授提出"两次倒转"的教育机制。"两次倒转"的教学机制指出：在性质上，学生的认识过程是将人类认识过程"倒过来"的过程；在内容上，学生认识的起点是人类认识的终点；在过程上，则是把"倒过来"的过程再"转回去"，即通过学生典型、简约地经历人类认识过程的方式，使学生能够主动、全面地占有人类的认识成果，并深刻理解人类认识过程的意义、过程与方法，从而使学生走近历史并具有创造未来历史的能力、品格与情怀。

二、整体教学中对学习的理解

教学是教授人类认知成果的活动，人类认知成果既是学习的终点又是学生学习的起点，在教学中要从“成果”这个终点回到人类认知的起点，这就是第一次“倒转”。教师在教学中带领学生快速地经历人类认知的过程，感受知识的发展脉络，体会知识的发展意义，既是学习的必需过程，也是学习的乐趣所在，这就是第二次“倒转”。第一次“倒转”需要教师由终点回到起点，有对整个知识发展的认识，如逻辑、背景、价值等。然后教师带领学生再经历第二次“倒转”，需要教师在充分建立良好知识背景、充分准备的基础上设计有利于学生发展的认知过程，和学生共同经历知识的发生发展，在学生可以独立完成时给予他们尝试的机会，在学生遇到困难时协助他们解决困难。经过这样一个过程，当师生共同站在终点，回望由起点走过来的一路历程，不禁感叹人类的伟大、知识的奥秘、探索的神奇，以及不同知识发展背后那相似的规律，这些都是学生应该感受到的收获，是看似理性、冰冷的知识背后丰富的内涵和生命力。经历这样一个认知过程，学科教学或者说学科学习的魅力自然就显现出来了，学科育人的价值自然也就实现了。同时，学生在理解学科、理解背后规律的过程中，站在人类文明发展的长河中感受学科魅力，必然也可以培养丰富的情感体验以及开阔的格局。这正是教育的魅力所在，也是实现立德树人的必然途径。这样一个过程的实现必然要求教师具有更丰富的专业知识、更开阔的教育理念，以更好地理解教学与学习。这样一个过程的实现也必然是教师不断成长的过程。这正是教师这个工作的魅力所在，教学相长，教学的同时实现了自我完善。因此，郭华教授的“两次倒转”为我们解答了许多看似矛盾的问题，值得思考研究。

第三节　整体教学的设计

一、整体性教学设计概述

（一）整体性教学设计的内涵

整体性教学设计是指对课堂教学系统化规划的教学方法的设计。教学设计作为一个系统，主要特征在于整体性，不能因为强调它各部分的独立重要性而丢弃大系统的观念。我们应该通过教学设计创设一个合理的教学系统来促进学生的学习。

在格兰特·威金斯提出的逆向教学模式中，从传统的将评价置于教学活动之后，到逐渐将其放于教学目标制定之后、教学活动设计之前。这个大转变是指教师在思考如何开展教学活动之前，先要思考学习要达到的目的是什么，同时要思考哪些证据能够表明学习达到了目的。这是一种从学生的输出端对设计进行思考的方式，要求更多的教师先去关注学生的学，再去关注自身的教法。

（二）进行整体性教学设计的必要性

教学设计的目的是以学生为中心，指向学生的深度学习，教与学的最终目标是培养学生适应未来独立生活的能力，这也是学生核心素养提出的源头和依据，而各种能力的形成并非用机械记忆的简单学习能建构的。深度学习是在具有简单学习的基础上，经过整体性的、需要多重思考的任务后而逐步建立相关的能力，这才使学生形成适应未来生活的能力。

为使学生产生深度学习，有预期的教学设计是不可或缺的。凡事预则立，不预则废。教师在教学过程中起着主导作用，要发挥主导作用的最佳效果，教师就必须对教学活动进行周密的思考和精心的设计。

（三）整体性教学设计的思路

1.教材解读

（1）剖析学科本质

目前，大多教育体系都在谈论基于核心素养的教学。核心素养到底是什么？实质上是一些学生借助学校教育所形成的、能够解决他们将来在社会上需要面对的问题的能力，也是适应社会的关键生存力。

当前我国学生发展核心素养中以坚持科学性、注重时代性、强化民族性为三大基本原则，分别指向人文底蕴、科学精神、学会学习、健康生活、责任担当、实践创新六大学生核心素养，并具体细化为18个能力维度。为了使学生获得这些能力，不同的学科从学生本位的角度进行自上而下的分析，并同时产生自下而上的学科素养的制定，从而产生每一种学科的基本教学要求，其中界定出每一学科必须塑造的能力。总之，创建整体性的设计需要符合学科特点，每一门学科都具有基于学科素养的教学要求，因此教师需仔细推敲并进行剖析，找到教学设计的关键点。

（2）教学内容的选择

对于教学内容的选择，每一门学科应在基于教学基本要求的前提下对教材进行解构与重构。

2.学情分析

学生是教学的主体，因此在整体性教学设计中，需充分考虑学生的现状。教师分析时要结合学习内容对学生已有认知、通过本次学习需达到的认知以及在未来成长中能够逐渐突破的认知进行细化分析。分析的维度至少要包含思维水平、知识水平、技能水平，其他可根据学科特点进行相应的调整。

3.整体性教学设计的步骤

整体性教学设计主要有以下步骤：第一，教学目标的拟定，主要考虑学生应该知道什么、理解什么、能够做什么；第二，评价方式的制定，主要考虑学生是否已经达成了教学目标，哪些证据能够证明学生的理解和掌握程度；第三，教学活动的建构，在头脑中有了清晰明确的教学目标和合适的证据后，就可根据目标与评估证据进行相应的教学活动的设计。使教学活动具有整体性的方式很多，如单课教学活动设计的整体性，对某一教学进行课前、课中、课后设计的整体性等。

4.单课教学活动设计的整体性

单课教学活动设计的整体性是指在一堂课中用问题链的方式将各个教学活动串联，使整个教学设计中不出现明显独立的活动，而是在一个大问题研究背景下以阶梯式的问题开展教学过程，使教学设计富有整体感，促进学生学习的完整性。

5.对某一教学进行课前、课中、课后的整体性设计

这类整体性设计是围绕一堂课的教学设计，对学生的概念进行提前式的浸润，加入预习阶段，同时又在经过课堂学习后，增添学习单，使课前、课中、课后的学习具有连续发展性，形成一个整体。

二、整体性教学设计的要点

站在学生学习的角度理解教学，教学过程应是学生个体的认知过程。学生是教学认识的主体，人类认识成果是学生认知的客体。而学习活动是连接主体与客体的中介，是学习发生的载体。学生在学习活动过程中的体验不仅仅指向知识技能层面，更指向学生对不同形式活动背后学习方式的体验。学生在学习活动过程中体会和发展自我的学习方式，并且发展形成自我喜欢或适应的一套学习方法，从而形成可支持学生最大化发展可能的可持续学习力。在教学过程中，学生学习方式的选择在一定程度上是由教师引导的。因此，教学设计重视不同学习活动指向怎样的学习方式，在不同的学习方式之下，知识又发生了怎样的变化，会产生怎样的学习效果，这是整个教学设计的核心环节。也就是说，活动设计要始终围绕促进学生更好地学，尽可能发展学生的学习方式，并提升学生相应的能力开展。

对于教学活动设计，在此笔者有几个基本的主张。

（1）教学活动是师生共同参加的活动，既是教师教的活动，也是学生学的活动，因此教学活动设计应该基于学生的学开展，充分把学习的主体地位还给学生。活动设计要考虑学生的学习感受、学习情感，基于学生的学习需求进行。

（2）教学活动设计应该从互动、内容、动机三个维度调动学生的学习状态。三个维度共同描绘出了“学习”，学习是由三个维度构成的整体，三个维度之间相互制约、相互促进；而深度学习状态必然是三个维度充分调动的状态，因

此学习活动设计要指向实现深度学习，即指向三个维度充分调动。

（3）学生在学习中采取不同的学习方式，而不同的学习方式又对应不同的内部认知加工过程，在知识的保持时间及迁移应用能力等方面产生了不同的学习效果，因此学生实现不同的发展，继而这样的发展又会影响动机及互动维度。教师在教学中要通过学习活动设计指向，引领学生学会运用更复杂的学习方式来学习，从而实现更理想的学习效果。

（4）作为整体的教学设计，在教学活动设计环节要始终充分考虑对教学效果及学生学习情况进行评价，通过评价实现教、学、评一致性，从而实现对教学的反思，以及对学生的个性化指导。

根据在校学习的情境不同，学习活动可以分为课堂学习活动和课下学习活动。其中，课堂学习活动包含不同的形式，如课堂探究、听讲、小组讨论等；课下学习活动包含课前预习、课后作业、课外活动等形式。总的来说，学习活动可以分为三种类型：知识建构活动、问题探究活动、专题实践活动。知识建构活动是在课内实施的，让学生体验知识发生发展的过程，促进学生知识建构、思维发展与理解。问题探究活动则是既有课前探究又有小组讨论与课内展示交流的学习活动，它侧重于对一个问题的探究，有助于建构完整的知识板块，优化解题思路、拓展思维、开阔视野，提升学生的探究能力与创新能力，体现问题解决的意义和价值。专题实践活动是既有自主实践又有相互协作，既有户外活动又有课内交流的教学活动。它有助于整合知识，提升学生的建模能力与实践能力，有利于学生体验学科与实际生活的紧密联系，彰显学科的育人价值。

第六章　英语课程整体教学应用与设计策略

第一节　整体论指导下英语教学思维的运用

在英语教学实践中，常有两种困惑：一是教师抱怨课时少，课堂内容讲不完；二是学生对自身学习阶段和状态不清楚，学习目标含糊不清。部分原因是缺乏宏观意识的指导，主要表现为学习阶段之间分离、语言输入与输出分隔、知识点分散等。英语教与学中应用宏观意识，做到高屋建瓴才能视野开阔。

整体教学法的运用部分解决了教学中的“分”现象。整体论于1926年由英国哲学家斯马茨提出。生物哲学研究学者胡文耕认为自然界的事物由各部分组成，但各部分不是孤立的，而是一个有机整体。中国古代哲学思想和思维方法也强调整体观念。总结整体论的思想，即整体不是部分的简单相加，整体性会产生整合效应。20世纪80年代，整体论受到教育者们的关注，先后出现了“整体教学”“单元整体教学”等研究。整体教学强调用整体、联系的方法论指导教学，形成系统的知识结构。它以语言教学为研究对象，把语言作为一个整体来看待，认为如果把语言分割成语音、语法、词汇来学习，就难以体现语言的整体功效。因此听、说、读、写、译五种技能需要通过真实的语境来提高，单独、部分的知识或技能学习应该放到语言交际的大环境中，否则知识的传授和储存只是掌握了语言知识，并不能完成语言运用过程，这也不是语言教学的最终目的。

一、宏观教学思维的概念

宏观思维，是一个包含多种心理成分的思维范畴，其主旨是指主体在宏大的思想观念、高维的知识结构和众多方法论综合作用中产生的思考宏观对象世界的思维活动方式，是思维主体从战略的高度和持久的角度反映宏观客体的过程中形成的、相对稳定的思维形式。这里，宏观的概念是相对于微观而言的。宏观教学思维，强调的是宏观知识结构的构建和宏观教学过程设计，是区别于微观知识点学习过程的研究，它重在教学和策略指导，注重各微观部分的发展规律和相互关联；微观上，宏观指导渗透到教学各环节，知识点和教学活动在宏观教学设计下环环相扣。宏观教学思维突破语言知识本身，宏观思维的主体是参与到教学过程中的教师和学生。由此，作者给出如下定义：宏观教学思维是将语言教学活动视为一个整体，通过研究语言知识、教师行为、学生情感构成的三维整体，以及各部分之间的关系，来了解语言教学活动规律，并用于指导实践教学，进行宏观知识结构构建和宏观教学过程设计，提高语言教学效果。

二、宏观教学与整体教学思想的关系

（一）与整体教学一脉相承

宏观教学思维是在整体认识论的指导下形成和发展的，是对整体教学的延伸和扩展。不是简单地将孤立分解的语言知识和技能放到教学中，而是根据学习者不同阶段和特征，寻找各部分知识之间的关联，通过宏观教学设计，整体协调地运用多种教学方法，有步骤、有阶段、有针对性地进行练习、讲解，促进学生语言能力的提高。

（二）区别于整体教学

它打破了传统教学的设计思路，将教师和学生思维活动和学习活动放置于一个更广阔的视域。首先宏观看待学生情感态度的变化，针对性地选择教学内容和方法。其次，重视语言知识的宏观完整性，教师不能仅着眼于微观知识点，更要完善自身宏观知识结构，全面整合教学内容，帮助学生构建宏观和微观知识网络。此外，重视技能学习过程的完整性，即通过合作学习、任务学习等方法，在教师指导下，逐步实现听、说、读、写、译各种技能从易到难、循序渐进地提高。

英语宏观教学与整体教学思想的区别主要表现在：研究对象是有三维主体的语言教学，教学内容扩展到一门课程、一本书、一个学期，延伸了整体的概念。另外，更强调学习的阶段性、连贯性和规律性，从教学设计上更注重循序渐进、由浅入深。

三、宏观思维在英语教学中的指导

宏观教学思想在整体教学的基础上发展起来，它不仅是一种教学思想，更是方法论。在宏观思维的指导下，语言知识的传授不再是零碎的词汇、句型或篇章学习，更是技能训练下的连贯教学过程，学习阶段之间也不再是相互分隔的、片段性的，而是在宏观设计下的有目的、有方法、循序渐进的连贯学习。

（一）对语言教学模式的指导

宏观指导下，我们重构英语教学模式框架，通过分级、分阶段教学，选择合适的教材，筛选准确的内容，借助树状图或思维导图的方式，帮助师生对语言知识形成整体认识；同时，改革教学方法，在宏观思维的指导下，有的放矢、有所取舍、难易均衡，既让学生掌握重难点，又能保持学习的关联性和连贯性。

（二）对教师的指导

宏观教学思维指导下的英语教学，应该是综合训练听、说、读、写、译各种技能的教学过程。教师应树立宏观思维，对教学内容有选择、整合意识，将知识条理化、信息化、系统化；让学生有阶段意识，抓住“大学新生转型期—英语考级期—专业英语学习期—考研英语提高期”各阶段特征；教学方法有整体意识，以学生为中心，充分发挥教师的监督、指导作用，多方面、多角度地深入研究英语教学过程，培养学生的宏观意识和学习习惯。

（三）对学生的指导

宏观教学思维将孤立、单独的知识碎片串联起来，通过教师对知识的系统化、信息化处理，利用多种教学方式，在学生大脑中建构起语言知识的网络，学生实际运用中能从相应的环节中提取所需的知识点和技能。具备了宏观意识，学生可以清晰地了解自己学到什么阶段、掌握的程度如何，这对于语言应用中有选择地扬长避短、学习过程中查漏补缺有很大作用。

宏观教学思维指导下的宏观教学模式对整体教学进行扩展和延伸，以更宏观的手段进行教学设计，帮助师生建立清晰的知识网络结构，同时将学生学习阶段和情感因素纳入教学设计考虑中，更体现了以人为本、以学生为中心的教学原则，符合语言和学生发展规律，有助于学生自主学习能力的逐步提高。

第二节　英语课堂整体教学模式的建构

经济的全球化与科技国际化对人才的培养提出了新的要求。培养能满足社会经济、科技等各个领域所需要的高质量人才是高等教育的重要任务。英语作为人们交流的工具在全球经济中扮演着重要角色。改革开放以来，英语教学取得了令人瞩目的成绩。但是，应清醒地看到英语教学存在的突出问题。由于多年来应试教育的影响，学生的领会能力远远强于表达能力。一些学校违背了外语教学规律，将课堂讲授、课外学习与测试评价三者人为地割裂开，尤其是测试不合理，对培养学生英语综合能力重视不够，不能对教学起到积极的反拨效应；再加上片面追求四、六级考试通过率，教师和学生忽视了语言整体运用能力的培养和训练，形成恶性循环。为了克服这些不良现象，应采用三位一体的英语整体教学模式：强调课堂教学方法的综合性，在教学中把听、说、读、写技能训练有机地结合起来；鼓励学生自主学习，倡导合作精神，把课堂教学内容与课外活动有机结合起来；优化语言输入材料，把语言输入与语言输出有机结合起来；重视测试的信度和效度，把教学效果与测试的反拨效应有机结合起来。实践证明，这种教学模式有良好的教学效果和巨大潜力。

一、教学原则和教学思想

教学是一种由师生双方共同完成的、有目的的、有组织的活动，它是教与学的有机统一。任何一种教学模式都包含步骤安排、师生交往系统、反馈方式和支持系统。教学模式设计的出发点是学习者，既要考虑教学过程的要求，又要考虑学习者已有的准备状态、不同的性格特点和认知风格。三位一体的英语整体教学模式，使教、学、测这三个方面有机地统一起来，形成一种良性循环，它适应了新大纲提出的“要使学生能以英语为工具交流信息”的要求，强调听、说、读、写的统一性和协调性，是一个整体的不同层面，将学生课外自主学习与课内教学有机地结合，并结合学生的实际情况来组织教学，通过优化语言输入从而达到改进学生语言输出水平、提高学生实际应用英语能力这一根本目的，使学生的领会能力和表达能力平衡发展。三位一体的英语整体教学模式体现了以下三原则：课堂教学，优化语言输入，强化语言输出；课外学习，鼓励自主学习，倡导合作精神；整体测试：兼顾信度效度，发挥反拨效应。

（一）优化语言输入，强化语言输出

成功的外语学习者在学习活动中始终遵循着这样一条规律：他必须接受一定量的且适合他的学习能力的语言输入（input）。我国外语教学法研究专家李观仪指出：“在有限的篇幅中给以较大的语言输入量，以保证学生有充分的语言输入量。”可见，语言输入是外语学习过程中一个不可或缺的因素，若缺乏足够的语言输入材料，学生就不可能对所学的语言知识有充分的理性认识。但如何才能优化语言输入以提高语言输出的水平呢？下面从语言的信息模式和认知实践模式两个方面予以阐述。

1.语言输入变成语言输出的信息模式

学习者的认知过程是一个不断获取信息、整理加工信息、吸收信息的动态过程。外语学习者作为信宿对自己所面临的信源信息总会根据自己的选择来获取相关信息。不同的学习者接受同样的语言输入，但输出水平却相差很大。因此，如何根据学习者的需求来优化语言输入，使之最大化地被学习者吸收并转化为语言输出将会成为教师面临的关键问题。根据信息论，可以从两个方面来解决这个问题。

（1）语言输入应考虑学习者的需求。语言输入若能考虑学习者的需要，输出效果就会更好。处理输入的信息是否成功，一方面取决于信息本身的特征，另一方面取决于信息接收者的以往经历，其中包括期望和已掌握的知识。根据信息论，信源信息在发出之前，信宿对它就会有期望。若信源信息满足了信宿期望，信息摄入量就会很大；否则，就会不理想。学习需要是个体从事学习活动的最根本动力，如果没有这种自身产生的动力，个体的学习活动就不可能发生。因此，作为信源信息的主要形式，教学和教材不仅要考虑学生将来对英语的需求，还要考虑他们日常学习过程中的需求。课堂讲授，应有利于强化学生内在的学习动力，并利用学习动机与学习效果的互动关系来培养学习需要。

（2）语言输入应考虑信息的新异性。克拉申提出的“输入假设”对外语教学具有一定的指导意义。语言输入应以学习者现有水平为出发点，给学习者提供尽可能多的语言输入，促进语言学习，这符合教育学和心理学的原则；语言学习是个信息互换过程，可理解性是学生获取信息的基础，但输入信息应具有一定的新异性。根据信息论，信宿对信源信息的选择多依赖于信息自身的新异性。若信源信息多属老生常谈、毫无新异感的信息，学习者自然会觉得索然无味，不愿吸收。在外语教学中，学习者若面对早已熟知的内容，对语言输入的内在化要求就会很低。因此，在教学过程中，如何结合学生的实际情况，通过优化语言输入从而达到改进学生语言输出水平就成为教学的关键。

2.语言输入变成语言输出的认知实践模式

外语学习是一种认知实践过程。认知使学习者把语言输入的信息整理、加工、储存在大脑中，成为语言吸收。学习者通过语言实践，使语言知识得到巩固，语言运用日臻熟练，并能在实践交流的过程中，掌握有关语言使用的得体规则、谈话策略和话语规约。

（1）强调语言功能，兼顾语言形式。语法规则的讲解和操练是传统外语教学的主要内容。随着交际教学法的兴起，语法教学在外语教学中的地位被削弱。在20世纪80年代，克拉申认为，只要在课堂上提供有意义的交际，语法就会被学习者自动习得，并公开排斥语法教学在外语教学中的地位，反对在任何教学阶段控制语法项目的做法。但物极必反，人们开始意识到削弱甚至取消语法教学的弊端，又重新思考语法在语言交际以及在外语课堂教学中的地位和作用。“不学语法是不可能真正学会一种语言的。”当然，重新强调外语教学中语法教学的重要性并不是要回到传统的语法教学模式中去。关键是要设计一些有效的途径和方法，通过有意义的交际活动来培养学习者的语法意识，而不是通过机械的句型操练。“语言结构应该放在不同的语境中去使用。即使在交际教学法中，虽不以语言结构为核心组织教学内容，教师还是最好归纳语言的用法，使同一句型在不同的场合有意义地重复，引起学生的注意，让句型学习的控制过程向自动化过程过渡”。为了促进学生语言应用能力的全面发展和语法意识的增强，将培养学生的语法意识纳入课堂教学中，在有效地增大语言输入的同时，做到以读写促听说、以写促学和以写促写，最终提高语言的输出水平。这不仅克服了教材对写作安排的零散性，而且对于掌握综合性语法规则以及分析性的语法起到了一个提纲挈领的作用，同时又将抽象的语言形式与其在真实环境中的使用联系起来。由于语言功能和语言形式间的关系体现了文化的特殊性，学习者的注意力便转向目的语中本族语者所使用的地道的表达法。并且学习者的动力积极性被极大地激发，在整个学习过程中，学习者的积极性因自己取得的每一个成功而不断加强；学习者始终能意识到自己正在做什么，并且他所取得的每一次进步将使他与自己的学习目标又靠近一步。这样既做到了“教”的系统性又兼顾了“学”的完整性；既强调了语言功能又兼顾了语言形式。

（2）培养语言综合应用能力，强调综合并有所侧重。英语教学目标定位在以培养较强的阅读能力为主，在一定程度上对听、说等英语综合运用能力重视不够。因此，要转变思想，把重点放在全面提高学生的听、说、读、写能力。“听、说、读、写能力的发展具有内在的联系，相互促进也相互制约。对四种能力的训练应是综合进行，绝不可分而治之。”

英语整体教学模式从整体上讲，强调综合，不管上什么课，教什么内容，都要贯彻听、说、读、写四项基本技能综合训练的精神，时刻要注意到听听说说、读读写写、写写说说的教学原则。做到听中有说，说中有听，边听边说，边听边写，读前有说，读后有说又有写，但无论学习者作为交际中的主体或客体，都有一个理解的问题，可理解性是学生获得信息的基础。只有听懂、读懂（输入），才能正确地说、写、译（输出）。在具体实施教学的过程中，可根据学生的学习特点和教学规律分段进行。在第一阶段，以听说为主，兼顾读写能力的培养。在第二阶段，以读写技巧的训练为主，进一步促进听说能力的提高。

（二）鼓励自主学习，倡导合作精神

1.以学生为中心，培养自主学习能力

英语教学，无论是为何种教学目的，无论采用何种教学方法，最终结果须体现在英语学习主体身上。有效的语言教学不应让学生去适应教师和教材，而应让

教师和教材去适应学生。语言的学习往往是一种自觉的认知活动，学习者需要有意识地调节自己的认知手段，完成学习任务。在教学过程中，教师要充分重视学生的不同认知风格，针对不同的学习任务、不同的学习环境，注意发挥其特长，并能相应地引导学生的学习策略和认知风格，以促进学生对英语语言知识的领会与表达。

目前的英语教学仍是教师讲得多，学生练习少。教师应引导学生以自学为主，多给学生一些自由时间自学、思考。课内的教学时间毕竟有限，因此，把大量的阅读和听力等语言实践活动安排在课外，由教师进行指导，学生自主学习，是合理的，也是必要的。教师必须充分调动学生的积极性，在强调学生自主学习的同时，加强监督管理，使课内教学与课外自主学习相结合，既做到教书育人，又做到管理育人。

2.以小组为基础，倡导合作精神

语言就其本质来说是交流思想、情感反应和阅历的工具。教师应为学生提供充分的语言交流机会，使学生检验并运用学过的知识、语言规则和技巧来表达自己的思想。小组合作学习通过创设共同的活动目标，充分体现教学活动的社会性，促使教师与学生进行合作、学生与学生进行合作，使集体的每个成员都能积极地参与到与他人合作的活动中。在这样的活动中，学生与学生联合起来，为了共同的活动目标进行合理的分工合作，学生的独立性、主动性、创造性能得到应有的发展。并且，学生的集体责任感和个人的自主意识、合作精神也会逐渐培养起来。

小组活动更有利于外语水平的提高。一方面，学习者在小组活动中通过交际获得可理解性语言输入，这种语言输入比经过预先简化的语言输入更有效。另一方面，外语学习者在使用目的语进行交际时，经常会出现交际困难。为克服这种困难，实现彼此沟通，需要进行话语修补。学习者对交际对方的澄清要求等做出反应，迫使学习者输出可理解性语言。根据斯万的可理解性输出理论，只有输入，不能保证学习者中介语的发展。强制性可理解输出，迫使学习者使用和有意识地修饰输出的语言，这样才能提高使用目的语的能力。分组学习能充分调动学习者的积极性、自觉性和协作性，既能培养良好的合作意识，也利于教师组织课堂教学和指导课外学生的自主学习。

（三）兼顾信度效度，发挥反拨效应

英语教学中的测试主要是每学期末成绩考试和全国英语四、六级考试。这两种考试都可以为改进教学提供反馈信息。现在很多学校的成绩考试从一开始就与四、六级考试结合起来，这对教师的教学目的和学生的学习目的产生一定的负面影响。

测试学家认为，从事语言测试，从一开始就应当有一个超出考试的目的。考试对教学有着无可否认的反拨效应。如果考试考单词表和语法，为了应付考试，老师就会花大量时间去教学生背单词表和背语法，这种反拨效应不利于改进教学。如果考试涉及英语在实际情境中的交际运用，教师也必定会想方设法在课堂教学中引导学生培养语言运用能力，学生也会更积极地参与课内讨论与课外的第二课堂活动，这种反拨效应有利于改进教学。

英语整体教学模式在测试方面强调成绩测试不应跟随四、六级考试题型转，而应建立起适合本校具体情况的测试体系，尽可能采取多种形式的、有利于培养学生语言交际能力的整体法语言测试题型，这样能够更全面地反映学生的英语运用能力。为了应付考试，学生会积极地参与课内外的语言实践活动，从而进一步强化语言的吸收和输出效果，这样便充分发挥了考试的反拨作用。

二、三位一体的英语整体教学模式的优势

三位一体的英语整体教学模式是一种系统的教学设计，它将教、学和测三个方面有机地结合起来，给教师更大的自由度，能够进行创造性的教学，并使学生由被动学习转为主动学习。它的优势体现在以下三个方面。

（1）在课堂教学过程中，教师将学生课外学习的内容与课内的教学融为一体。以学生为中心，考虑他们的性格特点和认知风格，强化他们的学习动机，通过大量的语言实践，培养学生的语言意识，增强其自信心，提高其语言整体运用能力。并且，在教学中，教师能根据听、说、读、写能力的发展所具有的内在联系，进行这四种能力的综合训练，而不是分而治之，从而能更有效地培养学生的领会能力和表达能力。

（2）在学生的课外学习中，教师能够给他们提供指导和建议，督促学生既要培养自主学习的能力，也要能在学习小组的基础上，增进与组员之间的合作。

小组合作学习是对班级教学形式的补充和改进，是现代教学思想的集中体现。它不仅是要解决班级教学条件下学生学习成绩两极分化的问题，或教师与学生、学生与学生之间互动机会少的问题，而且为学生的全面发展创造适宜的环境和条件。小组合作学习可以增加学生语言使用机会，提高英语使用质量，顾及学生的个体差异，降低学习者使用陌生语言的焦虑感，并增强学生的学习动力。

（3）从语言整体观出发设计合理的测试，兼顾了信度和效度，对教学效果进行客观的检测，使之既能及时提供教学的反馈信息以利于课堂教学的调整，也能充分发挥其反拨效应，使教师和学生都能将重点放在提高语言运用能力上。如在期末设立口语考试，便是对笔试的一种很好的补充。这样，测试便在教与学之间发挥了积极的桥梁作用：在考试“指挥棒”的作用下，一方面，教师会按照考试的特点来设计课堂教学，引导学生积极参与旨在提高语言整体运用能力的课堂活动，使学生既能熟悉成绩考试的特点，又能有意识地培养自身的语言表达能力；另一方面，学生为了取得好成绩，也会相互合作，取长补短，借鉴好的学习策略，主动地把握课内外的语言实践机会。

三位一体的英语整体教学模式强调“教”的系统性、“学”的完整性和“测”的科学性，三者紧密相连，形成一个动态的系统的宏观教学模式。它充分考虑学习者的认知风格和性格特点，寓语法意识的培养于形式多样的语言交际活动中，使课堂教学最大限度地接近语言使用的真实环境，使语言输入量最大化地变成吸收和输出；它能充分发挥考试的反拨效应，强化学生的学习动机，使他们能积极地学会运用语言进行交际，也就是具备在什么场合、对谁、用何方式、说什么的能力，即交际能力，以期真正实现教学大纲所确立的目标。

第三节 整体论指导下的英语听力教学

长期以来，我国的英语教学一直被肢解为听、说、读、写四大部分，通过从部分到整体的教学过程，最终使学习者掌握英语。而且受传统教学模式的影响，听说技能的培养往往放在读写之后。虽然听力教学已经被划分为一门独立的课程，但由于观念陈旧、形式单一，听力在实际教学中没有发挥其应有的作用，处于一种低效甚至无效的尴尬地位。整体语言观能帮助我们重新认识语言技能之间相互联系、相互制约的关系，使我国的听力教学突破孤立、机械的教学模式的束缚，为英语听力教学指明方向。

一、整体语言对听力教学的启示

语言是一个整体，语音、词汇和语法是整体，听、说、读、写也是整体，不主张教学活动进行分割；学生和教师也是整体，教学过程就是师生相互影响、相互作用的过程；学生需求和课堂教学活动是一个整体，教学要以学生为中心。基于上述原则，我们在英语听力教学中必须从以下方面做起。

（1）教师要对听、说、读、写一视同仁，在课堂活动设计上对学生进行全面训练，以听说带动读写或用读写促进听说。教学过程中要将这四个方面有机结合起来，同时进行各种技能的训练，安排综合性、互动性的教学活动，使听力和其他语言技能一起互相促进，共同发展。

（2）充分发挥学生的主体地位，根据学生不同的学习策略与方法发展互动的英语听力课堂教学模式。

（3）听力材料要难度适中，并且选择听力教材时既要注重教材的广泛性、系统性，更要注重教材的现实性，要接近生活，有趣而实用。

（4）运用多种方法，多角度、多渠道训练学生，充分发挥整体语言教学方法的特点，加强其他语言技能对听力能力的推动，从而提高英语听力水平。

英语教学，尤其是听力教学，要转变教学观念，立足我国外语教育的国情，坚持听、说、读、写的整体训练必将成为巩固学生语言知识和提高语言应用能力的有效途径，从而达到从听力教学出发，提高整体语言表达和理解能力的目的。

二、整体式语言观在公共英语听力教学中的体现

据美国保尔·兰金教授统计，听占人们日常言语活动的45%，说占30%，读占16%，写仅占9%。由此可见培养学生听力的重要性。我们引入整体式语言就是为了提高听力教学的质量与效果，培养学生的语言综合运用能力。

在以往的语言教学中，为便于安排和制订教学计划，我们把学生的语言技能分为听、说、读、写四大块，并基本按照这四大块进行听力教学。然而，在真实语境下，这些语言技能不可能单独存在，而是三三两两地出现。因此，我们提出了使用语言整体技能，即使用语言综合技能，它包括“把语言的各项技能结合在一起，通过教学实践突出其中某项技能或者在语言活动中应用一种或一种以上的技能”。在听力教学中，我们不可以单独把听力与其他技能隔离开来，而应充分利用听力和其他技能的关系来帮助我们的教学。以下讨论怎样在听力教学中引入其他语言技能训练学生听力。

（一）听与阅读

学生在听力方面常遇到的问题是：生词——关键性的生词会妨碍学生对句子乃至段落的理解；语法结构——多种不同语法结构的存在会造成学生思维与语速不协调，影响对句子或语篇的全面理解。这两点都可通过阅读来克服。因为阅读和听力实质上都是一种与速度、记忆、判断、概括和理解紧密联系在一起的综合能力，两者所遵循的思维方式基本是一致的，阅读可扩大词汇量，加深对词义、语法现象的理解和记忆，扩大知识面，有利于对材料深层次的理解，可训练思维、理解、概括能力，从而提高听力理解的速度与准确性。

培养良好的阅读理解能力不仅有利于提高学生的听力理解能力，而且在应试中也可以使学生对要听的话题有预先的了解。

下面以一篇听力短文理解的三个问题为例，来阐明阅读对听力起着非常重要的作用。

（1）A.It uses its trunk to fight.

B.It uses its trunk to pull leaves off trees to eat.

C.It uses its trunk to make a path through the jungle.

D.It uses its trunk to get water to drink.

从第一题的四个选项中我们看到，都有It uses its trunk这部分内容。以前学过trunk有树干、箱子、象鼻等意思。

根据我们对It uses的理解，我们可以推断这里的trunk是指象鼻，那么it是指大象，不定式to表目的。四个选项连起来就是大象用它的鼻子举重，把树叶拽下来吃，通过丛林和取水。根据我们的阅读推理能力，我们进一步得出，这一部分应该是讲象鼻的作用。

（2）A.Some African hunted elephants just for tusks.

B.They are very precious.

C.They are make into many beautiful things.

D.They are decorations of elephant.

从第二题中我们看到了 tusks（象牙）这个单词，后面又讲它们很珍贵，用它们可以做许多美丽的东西，它们是大象的装饰。那么，我们可以推断，它们应该是象牙，并得出结论：这一部分内容是讲象牙的作用。

（3）A.He had to pay a lot of money to keep it.

B.He could not make it work or kill it.

C.He must pay much attention on it.

D.Both A and B.

从第三题中我们看到了he和it。由于前面两题都谈到大象，那么it是指大象，he就是指人类。前三个选项都说明了人类怎样对待大象。这一部分的内容应该讲人类和大象的关系。

根据对以上三道题的阅读理解，我们总结出这篇文章是讲大象，其中涉及象鼻的作用、象牙的作用以及人类和大象的关系。

尽管连一遍原文都没听，但我们已经把握了文章的大致内容，有效地帮助了接下来进行的听力理解。这个例子也充分证明了阅读对听力起着重要的作用。

在听力教学中，我们要鼓励学生多阅读文章，泛读、速读的阅读形式最适于提高听力理解。要注意在理解的基础上扩大词汇量并训练其语言的转换能力；要求学生阅读时理解与速度并进，一气呵成，不要频繁查字典影响思维的进程；阅读材料的题材应与听力材料的题材保持一致，加深学生对同一话题的理解；同时要求学生做试题时，要仔细阅读试题选项，运用以前通过阅读所积累的知识对选项进行归纳总结，增强听力理解能力。

（二）听与口语

口语是利用语言表达思想，进行口头交际的能力。就听说本身的关系来说，听是说的基础，说是听的反映。但学生在实际学习过程中，把本应通过眼、耳、口、舌学习语言的方法削减为通过眼、耳学英语，当然是事倍功半。

口语交际是从生活的实际需要出发，为生活的实际需要服务的，这种说话训练有很强的实用性。生活中的口语交际是怎样的呢？首先它是双方的，即有说的，有听的；其次是互动的，你说我听，我说你听。其实不论是学生在实际的语境中说给别人听，还是学生一个人大声朗读课文，都伴随着声音对耳朵的刺激，都在潜移默化中提高了听的能力。另外，如果学生自己的发音不准确，当听到标准的发音时，反而不知道是什么意思。而不开口的学生永远得不到老师或同学的更正，也意识不到自己所犯的错误。因此，在听力教学中，我们应该加强学生说的训练。

课堂上可以通过学生对所听短文的讨论来进行听力教学；课外可以让学生自己做一些听说训练，如鼓励同学在寝室或口语角进行英文对话等。

当然，针对大多数中国学生不愿意用英语和同学交流的情况，我们可以这样要求学生：先选择《新概念英语》第二或第三册，也可以到图书馆借一套有书和磁带的小故事集，接着进行跟读训练。跟读训练具体操作为放磁带、看书，搞明白每一个单词的意思，理解整个故事情节。然后，放一句，暂停，学着读一句，放下一句，暂停，再学一句，依此类推。如果学生坚持了上千篇文章的跟读，那么他们的口语或听力都会有大幅度的提高。

（三）听与写

与听力相联系的写是指学生通过对有声语言的感知，边听边写，或写词语句子，或写故事片段，或写内容提要。

然后根据老师的要求，完成指定的练习。

学生掌握听写技能将终生受益，它是接收并储存信息的好方法，是学习知识的重要途径。听写过程中，学生从接受语言信息的输入，到用文字符号输出信息的过程都在动耳、动脑、动手。耳脑协调活动，有利于发展智力。听写可详也可略。详时，则训练其用耳、脑、手的速度，这时学生的注意力高度集中；略时，则标准更高，或只写精华，或突出重点，或写出纲目。听写练习有利于学生分析能力和概括能力的培养。

三、整体式语言在公共英语教学中的应用范例

为了进一步理解怎样在教学中运用整体式语言，下面看一看按照所描述的整体式语言原理设计的听力教学过程。

课前准备：要求学生在听力课前仔细阅读新视野英语第一册第四单元读写教程的A、B、C三篇内容。A篇讲述的是“如何留下好印象”；B篇主要讲述了形体语言在沟通活动中起到的重要作用；C篇讲述了姿势的作用。三篇文章都是围绕着如何更好地掌握英美文化的交流信号这一话题展开的。通过阅读，我们对这方面的话题有了初步了解，大脑中也具备了关于交流信号的基本知识。

教学过程：

（1）让学生听听力练习1的录音后做练习。听力练习1是听完单词后找与单词意思相近的选项，所听单词即是读写教程中的重要单词，显然也是涉及交流信号这一话题的重要词汇。让学生加深对此类话题词汇的理解与记忆。

（2）让学生听听力练习2的录音后做练习。听力练习2的内容是听写填空，锻炼学生做听力笔记的能力。

（3）让学生看听力短文理解练习1中的第二篇、第三篇以及练习2中第二篇的选项。这三篇文章分别讲述了交流的类型、如何通过行动给别人留下好印象，以及礼貌在交流中起什么样的作用。教师所选的三篇短文听力都与第四单元的话题相关，学生一方面可以通过对读写教程文章的阅读来理解这类话题，另一方面还可以根据对选项的阅读，利用刚学的关于交流信号的知识推测短文的大致内容，增强对篇章的理解。

（4）听第一篇文章录音两遍，第一遍要求学生完成课后练习，第二遍要求学生做简单的听力笔记。

（5）三篇课文听完后，让学生分组讨论。可以把学生分为三组，每组就听

的内容及听力笔记集中讨论一篇文章，然后每组各选两名学生把讨论的内容当着全班同学的面进行演讲。

从前面的教学步骤中我们可以看出，听的技能中融入了读、说及写的技能。读有助于听，能训练学生的思维以及口头表达能力。同样，写有助于理清学生的思路，方便学生的交流，促进了学生的听力。听力完型以及听力笔记本身也是一种技能训练，可以使学生对所听的内容进行归纳总结，加深理解。学生通过听、对听力材料的反馈以及和同学之间的互动锻炼了听说能力。磁带以及演讲本身就是一种自然的交流方式，信息丰富并且真实、实用。通过对整体式语言观的介绍及其在听力教学运用中的分析，可以断言，准备课堂教学时，如果教师充分运用整体式语言的观点去思考问题，将会收到意想不到的教学效果。

第四节　整体论指导下的英语词汇教学

一、英语课文整体教学思路

从整体语言教学来看，作为表达各种交际意念话语的课文，其“建筑材料”是一个个单词，其本身没有意义，是课文这个整体给各部分带来了意义。学习课文旨在学会理解外语和用外语表达思想。如果不学会组成课文的单词，则理解不可能，表达更是谈不上。而另一方面，单词只有组成话语，才能发挥交际作用。因此，词汇教学和课文教学是紧密相连、不可分割的。在传统的英语精读课文教学中，教师往往只注重培养学生的阅读能力，忽略了其他技能的发展。从整体语言教学来看，课文的教学是融听、说、读、写四种技能的训练为一体的整体教学，而不只是单一的阅读技能训练的教学，它既是传授语言知识的教学，更是培养语言综合技能的教学，是这两种教学组成的相辅相成的一个整体，语言知识通过课文教学得到提高，语言技能通过课文教学得以培养，因而，英语课文教学应该被作为一个整体来进行。

具体来说，英语课文的整体教学就是将每篇课文的教学内容作为一个整体去对待，将处理课文的各种教学活动作为一个整体去设计和安排，通过课文教学来综合训练学生的听、说、读、写技能。课文整体教学的显著特点是融综合性、全面性和系统性于一体，而统帅这些特点的灵魂就是课文的主题或中心思想。英语课文整体教学体现了一个广义的整体语言教学的原则，它既强调课文教学材料和内容本身的整体性，也强调语言形式和语言意义的统一性；既强调各种教学活动的整体性，也强调语言学习和语言运用的统一性，以及教师讲解与学生参与的一体性。在英语课文的整体语言教学课堂上，语言知识和语言技能被看作一个整体来学习和培养，听、说、读、写的交际活动都围绕着课文的内容和主题来设计和进行，教学的重点是围绕课文内容和主题所进行的有意义的整体语言活动，这样就使可理解性输入的语言知识与交际性的语言输出得到了充分的结合。因此，课文整体教学的首要优点便是前后一贯，上下文衔接，教学内容相互照应。

二、整体语言视角下听、说教学中的词汇学习

听、说理解离不开词汇的快速辨识，词汇是口语交际的核心。听、说并非单项的听、说能力，其实它代表着英语整体语言的能力，即发音、词汇、词组、习语、文化思维等诸多方面的整体语言能力。因此，听、说教学中的词汇学习亦应在整体语言环境下进行。从整体上认知听、说材料及其文化氛围，让学生体会一个完整的语言交际过程，从一个综合整体的角度将词汇的音、型、义及语法作用同时体现在某一特定的语境中，使学生们在这特定的语言实践中掌握词汇的音、型、义及用法，理解它在整体结构系统中的功能，从而更加有效地理解掌握词汇，提高语言交际能力。

三、整体语言视角下阅读教学中的词汇学习

阅读是一种摄取信息的过程，也是学习者掌握语言知识、拓宽知识视野、启迪思想的重要途径，在英语教学中占有重要的位置。在阅读过程中，首先涉及的是词汇的辨识。词汇的辨识是通过各种信息之间的相互作用而得以实现的，句法和语义的信息都可以影响词条的通达（excial access）。因此，一个词的意义在于它在语言中的运用，准确把握词义离不开整体语言环境。也就是说，词义的理解不是绝对的、单一的，而是要把词汇放到整体语言环境中去考虑理解。不少

阅读家如 Johnson & Person 认为将单词放在文章中进行理解是习得语言的可行方式。阅读一篇文章我们首先要了解其整体语言环境、文化背景、文章整体结构，在此整体的基础上记忆、理解、掌握关键的词汇。

（一）阅读时抓住串联整篇文章的关键词

在阅读盲人摸象一文时，我们必须熟知掌握的词汇是盲人（blind man）、大象（elephant）、摸，六个盲人分别摸了大象不同的六个部位，“摸”用了六个动词。六个盲人摸到大象的六个部位，我们把关键词串联起来就形成了一篇完整的文章，同时能够准确无误地理解掌握词汇及其用法。

（二）整体语言环境中更有利于词义、词法、词性的学习掌握及运用

如：In junior middle school，I eagerly answered all the questions I could，never worrying much about making mistakes.When I went to senior middle school，I was eager to continue studing English.But，Because of my patient teacher，it didn’t take me long to lose my eagerness to answering questions.I lost my desire to say anything at all In English.

本段中使用渴望这个词的名词、形容词、副词及同义词，在理解整段落的对于英语学习的渴望、失望之时，更好地掌握了本词的词义、词法、词性及其用法。整体语言环境中更有利于词义、词法、词性的学习掌握及运用。

（三）运用整篇课文上下文的语境来推断词义

阅读中可以通过上下文语境推断目标词的词义。

1.利用常识和上下文相关信息推断词义

如果学生能结合自身的经历、相关主题的知识及综合上下文的信息，他们较容易推断出目标词的词义。

2.通过重述来猜测词义

重述的方式通常是运用定语从句和对目标句子的分析和进一步的说明。重述也可以理解为：运用相关信息对目标词进行更进一步的解释。如：I am a resolute man.Once I set up a goal，I won't give it up easily.通过对后面句子的分析可以判断出目标词的意思是“意志坚定的”。

当然还可通过许多其他方法来推断词义。如通过定义判断词义；运用同类对比来猜测词义；运用相反对照来猜测词义；运用构词法推测词义等，都能使得我们在整体的语言环境下更加有效地学习英语词汇。

四、整体语言视角下写作教学中的词汇学习

写一篇文章如同建一座大楼，框架即文章的篇章结构是至关重要的。引导学生善于从整体语言的角度设计完整合理的篇章结构是十分必要的。然而这一座大楼有了框架即篇章结构，还需要每一块砖即词汇来砌成这座大楼。因此，我们说一定的词汇量、基本语法知识和遣词造句的能力是英语写作的基础。写作中除了一些语法问题外主要是词汇搭配问题。任何一个词语的使用都不是完全自由的，它要在整体语言的环境下表达其准确的词义，发挥其作用。就词汇和结构而言，词形、词序的变化以及如何选词搭配或用词造句是受结构各个要素制约的，而结构又必须在和系统外部的环境相互作用后才能反映出语言的整体功能。许多中国学生在学习词汇时只是死记硬背中文对应词，不注意词汇的滚动使用及整篇语言环境，结果写出来的文章不符合英文表达的习惯。例如，学生经常写出这样的词语：“spread body”“target of work”“scientific food”“reducing fat tea”等，其正确的表达法应为“stretch body”“goal of work”“healthy food”“weightreducing tea”。所以，弄清楚每一个词的搭配语境及整体语言环境是非常重要的。写作中的关键词汇只有在整体语言环境下才能准确表达其完整词义，因此，在写作教学中要更加重视整体语言环境下的词汇学习。引导学生首先从文章的主题词汇入手，文体的特点及格式的要求实际上就是作文的整篇语境条件，根据其条件及主题词汇列出文章中所使用的中心词汇、关键词汇、重点词汇，结合语境的设定，合理运用写作技巧来完成整篇文章的写作。

其实，写作也是一种词汇的深加工，把英语教材内学过的词组和句型灵活运用到写作中不仅能巩固所学词汇，而且能大大提高写作水平。

五、英语课文整体教学中的词汇教学活动设计

词汇是语言的建筑材料，它不是孤立的，一方面与语音、型、课文结合，另一方面在听、说、读、写中体现。在英语课文整体教学中，词汇教学被融入课文教学这个整体，词不离句，句不离篇，篇不离中心思想或主题，学生是在对课

文内容及课文结构的整体了解、整体分析和不断认知中，学习和掌握词汇知识，提高综合语言能力的。现代外语教学理论要求通过学生以准备和完成交际任务的形式来增强对某些语言形式的敏感性，并在实践中学会使用这些语言形式，因此，在具体的教学过程中，教师应有意识地将词汇知识的教学与课文的内容、主题、结构等有机而适时地结合起来，设计成相应的听、说、读、写任务，让学生去增强语言的敏感性和学会使用所学词汇。在经过这样的学习之后，学生再接触到同一或相似话题时，他们就会较自然地回想起与该话题有关的词汇、句子和表达法。

语言交际离不开情景，在不同的情景或上下文中，同样的词语会有不相同的含义。在英语课文整体教学中，对于课文中新出现的词语和结构，教师应以它们与课文整体理解的关系为基础，灵活而有所区别地加以处理，并且要尽可能地让学生较自然地在完成相应的围绕着课文整体学习而进行的听、说、读、写的任务中用到目标词汇。此外，每篇课文的语言点不宜过多，讲解和扩展应适时、适度，不可面面俱到；例句要适用，不可过于复杂。

英语课文整体教学中的词汇教学设计可按照课文教学的进程分为三步来进行。

（一）课文学习前的词汇教学活动设计

课文学习前的词汇教学活动的重点是激活学生有关词汇的已有知识，并充分调动他们利用已有的有关课文主题或相关话题的图式背景知识，把课文的主题信息与相关的新、旧词汇有机地结合起来，在培养学生语篇信息预测能力的同时，训练他们的词汇猜测能力，帮助他们建立起一定的词汇网，并对新词汇有初步的认识和接触。

（1）主题词汇联想活动：为让学生感知到课文主题与词汇的关系，对理解课文有影响的关键词语可以在课文的学前活动中引入。例如，教师可以以课文主题或由课文主题引发的分话题为中心词，自己列出，最好是引导、发动学生去搜集、整理与课文主题或其所涉及的分话题有关的词汇。在此活动中，教师要有意识地引导学生说出或写出本课文中的新词（如学生预习不好，教师可自行列出一些新词）。为达到更好的效果，教师也可给词汇联想活动加以一定的限制，如按形容词、名词、动词等词类关系进行联想等（该活动可以以小组竞赛的方式进行）。这样的主题词汇联想活动既有助于学生较自然地复习旧词，学习新词，同时又可导入相关的课文内容，为下面的读中和读后活动埋下伏笔。

（2）通过提问引出相关词汇：提几个与课文主题或由课文主题引发的分话题有关的问题，其中的问题回答都会自然涉及或引出一些相关词汇，对其中一些新词，教师可以课文中的原句作为例句，并对其用法进行简单说明。

除了以上直接围绕课文内容和主题进行的词汇教学活动外，教师也可适当地用直接法进行词汇教学。

（二）课文学习中的词汇学习活动设计

为培养学生通过上下文猜测、推断和理解词义的能力，对课文中的许多词语可让学生在课文的阅读、分析和理解过程中去学习，在围绕着课文学习而进行的各种听、说、读、写活动中去体会和应用，使学生的词汇知识和综合语言能力在对课文信息的逐步把握、对课文主题的逐渐深化以及对课文语篇结构的不断认知中去扩大和提高。

（1）为帮助学生理解词汇的语境意义，就课文内容设置一些有关词汇理解方面的问题，要求学生或利用上下文线索，如单词间的同义关系、反义关系、上下文关系（如同位语、定语、标点符号、举例、释义、归纳）等线索，或利用已学过的词根、词缀等构词法知识来推测词汇意义，并同时通过观察其语义情境，理解和辨析词汇含义，发现和总结其搭配、句型特点等方面的知识。

（2）对引导学生回答有关课文问题时或就课文的某部分内容进行相关话题的讨论时所涉及的一些新词汇、短语及结构等适时进行讲解、举例。

（3）角色扮演。对一些主要由对话构成的课文，教师可让学生分角色进行表演。在一组学生表演完后，提出一些有关课文内容、结构、写作特点等方面的问题让学生进行思考；然后，让第二组学生进行表演，之后让学生回答刚才提出的问题；最后，让一组学生进行表演以便学生加深对课文的理解，同时进一步体会和检验刚才的问题答案。当然，该活动也可放在学完课文后进行，但由于这些主要由对话构成的课文相对来说比较容易，而且在学课文时进行的表演情景性更强，也可代替学生阅读课文，既省时，效果又好。为减轻学生的表演难度，对这样的课文，教师可将主要的词汇难点放到课文学习前的活动中去解决，表演时学生可适当地看着课本。

（4）难句的释义（paraphrase）和翻译。对一些语法结构不是很难，但学生仅从字面上很难理解的句子（这些句子有的含有新词汇，有的则含有一词多义、一词多性的词汇），或一些结构复杂、词义困难的句子，教师一方面可通过运用同义词（近义词）、反义词，变换句子结构、增加词语等方法来释义，另一方面则可用语法翻译法加以讲解（整体语言教学并不排斥适当使用母语），分析其语法结构，并要求学生翻译成中文（教师可同时就难句中所含的重点新词汇的意义和用法进行适时的讲解）。释义法既有助于帮助学生扩大词汇量，又有助于帮助他们区别同义词、近义词在搭配、句法等方面的不同之处。在进行词汇教学时，语言点的学习应尽可能自然地融入课文的整体理解活动中，如果是刻意地放在课文的讲解过程中单独进行，就很容易使学生忽视课文这个整体。另外，语言点也不宜过多，讲解也不能过多、过细，略加讲解，指出单词的基本含义和用法即可。再者，在用例句时，不能一味地照搬词典或参考书，最好能根据情景编例句。

（三）课文学习后的词汇学习活动设计

课文学习后的词汇教学的重点任务是强化学生对所学的词汇知识的巩固和掌握，教师要尽可能地引导学生调用其与课文主题信息相关的图式知识，在说和写的语言输出活动中，围绕课文某些内容、主题或某个话题进行语言输出的交际活动，帮助他们全面习得新学的词汇语言知识。让学生从单个词的掌握过渡到自觉使用和语境有关的词组、句子，正是整体语言教学所希望的结果。另外，如果教师要对一些重点词汇进行单独的讲解、练习，或归纳、比较，最好是将它们放在学完课文后进行。

（1）把课文原文设计成完形填空形式，让学生恢复原文中的单词或词组。现有的许多教材如全新版、修订版《大学英语》等课后都有根据课文内容所改写的综合性的语篇完形填空练习，教师可将其放到学完课文后让学生马上来做，不必放到练习课上去对答案，这样既概括了课文大意，又练习了词汇。

（2）复述、缩写、续写、转述课文或总结课文概要。如果是记叙类文体的课文，要求学生选用指定的词汇（课文中新学的单词、固定词组，以及描述故事发展的重要连词、形容词、副词等），用指定的人称复述课文（先进行几分钟的小组活动，最后让各小组派代表在全班复述）；还可让学生从课文中找出一些关键词进行课文缩写、续写（如果故事留有悬念或突然戛然而止），或变换人称对课文进行转述。如果是议论文或说明文等文体的课文，则让学生根据教师在分析课文时提供的思路和语篇框架，用指定的中心词汇总结课文概要。

（3）课堂讨论或课堂写作。就课文所涉及的有关话题，组织学生用课文中所学的重点词汇、短语和句子结构积极展开讨论，或在讨论的基础上写短文、编故事、编对话。

（4）课堂辩论。就课文中所提出或引出的某一观点组织学生按AB两方先进行小组讨论，然后派出代表与另一小组的代表展开辩论。

（5）导向对话造句或情景对话造句。教师先给出目标词（词组），然后提一两个问题要学生回答。这些问题中一般都含有目标词（词组），而学生则要用该目标词（词组）来进行回答，这种有情景的对话式造句可达到创意运用语言的能力。例如，在学“stand in the way of ”这一短语时，教师可问学生“What do you think stand in your way of studying English? ”，在回答时，学生可根据自己的情况用该短语造出许多句子。教师也可创设与学生生活、学习相关的情景，使词汇的学习尽可能变得情景化、生活化。

除了以上以语言输出为目的的活动外，在学完课文后，教师也可适当组织以下词汇知识巩固活动。

（1）词汇的归纳与比较：引导学生将已学的词汇进行同义词、反义词、同形异义词、同音异形异义词（特别是那些结构相似、较易混淆的词），及一个词的不同搭配或与之相同的搭配结构等进行联想、归纳、比较和操练，使学生在头脑中建立起有机的词汇网络。

（2）词汇知识的深化：如介绍一词多义的现象，再从课文中挑出一些前一阶段没有机会深入学习的重点词汇进行简练的讲解，并做一些理解词义和明晰搭配的题。由于多义词的掌握主要是通过学生自己对该词在不同语境中呈现的不同意义的感悟而获得，因而教师一次性对一个词的多种意义的罗列和讲解应简而精。

以上只是在课文整体教学中所进行的“三步”词汇教学的一些活动设计，其中有不少活动的阶段放置是可以根据课文的具体情况进行灵活处理的，有的活动则可以不止在一个阶段使用，或者可合并使用。要采用何种活动、何阶段进行，各个活动的先后顺序又如何安排，都要根据每篇课文的内容、词汇的特点等而定，并无固定的规律可循。

总之，通过笔者的教学实践，围绕着课文整体教学过程而进行的英语词汇教学体现了整体语言教学的原则，教学效果比将词汇教学完全孤立地放在课文学习前或课文学习中的效果要好。这种词汇教学的模式在培养了学生独立分析问题的能力和对文章的鉴赏力的同时，也提高了学生参与课堂活动的主动性和词汇教学的效果，使学生把语言知识的学习与语言应用能力的发展紧密结合成一个整体，发挥了课文教学最大的效益，从而大大促进了学生语言应用能力的全面发展。但在设计课文整体教学模式中的词汇教学活动时，教师应注意语篇内容和语言形式的双层操作，既要引导学生整体理解课文内容，讲解精选的语言点及结构复杂、内容费解的句子，更要精心设计和组织教与学的双向语言实践活动，使学生在活动中提高语言应用能力。另外，在进行课文整体教学时，如何才能实现课文学习和词汇学习的最佳结合，使两者都能兼顾，而不会顾此失彼，以及针对每一篇课文到底应设计哪些具体的词汇教学活动，依然是英语教师需长期探索和研究的问题。

第五节　整体论指导下的英语语法教学

一、语法教学实例

笔者将突出语言的整体性，关注学生的兴趣与需求，重视语言综合能力的培养这一整体语言教学理念融入语法教学中，以虚拟语气中与现在事实相反的非真实条件句（以下简称虚拟语气）的教学为例，设计了如下教学步骤。

（一）导入阶段

（1）教师课前精选散文“If I were a boy again”（假如我又回到了童年），为语法教学提供有意义的情景。

（2）学生就“If I were a boy again”这一主题发表个人意见，以启发学生思维，提升学习兴趣。

（3）播放“If I were a boy again”的音频材料，使学生对语篇材料形成整体印象。

（4）分发该语篇的纸质材料（事先已去掉其中含虚拟语气的句子），要求学生听两遍录音，并补充散文中带有虚拟语气的句子。

（5）邀请学生将听写答案（含虚拟语气的句子）写在黑板上，引起学生对该语法项目的注意。

（6）根据学生听写的句子，启发学生总结出与现在事实相反的非真实条件句的句式特点。

（7）提供语篇的文字材料，供学生鉴赏，同时学生自查听写的句子，加深对目标语法点的感性认识，从而使语法项目与有意义的情景相结合。

（二）运用阶段

（1）就“If I were a boy again”这一主题开展小组讨论，讨论过程中学生频繁使用与现在事实相反的非真实条件句。

（2）小组借鉴导入阶段散文“If I were a boy again”，将讨论结果整合、重构一篇同一主题的新散文。

（3）展示各组的新创作，教师挑出散文中含虚拟语气的佳句，再次突出语法要点。

（三）巩固阶段

（1）课内巩固：教师引导学生，结合学生实际生活，运用虚拟语气（与现在事实相反的非真实条件句）口头或笔头造句。

（2）课外巩固：课后要求学生就“If I had a million dollars”完成一篇笔头作文。

二、整体语言视角下的语法教学模式的构建

笔者借鉴西方流行的整体语言教学理论，提出了“语篇导入、任务贯穿、技能融合”的语法教学新模式。结合语法项目（虚拟语气）的教学实例，对语法教

学模式做如下阐释。

（一）语篇导入

课堂教学始于导入，好的导入吸引学生注意，激发其兴趣，唤起其求知欲。选择贴近社会和学生实际的语篇进行课堂导入，能迅速抓住学生眼球，从而提升语法教学的质量。

在讲授虚拟语气时，笔者以一篇行文优美的散文“If I were a boy again”导入，全文共513词，内容贴近生活又反复使用目标语法点，既能有效激活学生原有的生活体验，又能使学生建立起语境与目标语法点的联系。

而传统语法教学关注语言形式规则，脱离语境开展教学，但实际上语法规则是依存上下文而存在的。运用整体语言教学观念，以语篇进行教学导入，从而打破了传统教学模式，将真实语言材料引入语法教学中，用真实语言示范语法规则的运用，达到句子与语篇的结合、形式与意义的统一。

语法教学效果很大程度上取决于所挑选的语篇材料。教师要充分考虑到学习者的因素，语篇选择过程中遵循以下原则。

第一，语篇的长度、信息密度、低频词数量等得到有效控制，确保语篇具有高可理解度。

第二，选择的语篇要突出目标语法点，将学生的注意力引向语法规则和交际原则的结合上。

第三，语篇要能激发学生兴趣，使其在教师的引导下产生创造性的活用语言规则进行语言运用的意愿。

（二）任务贯穿

整体语言理论指导下的语法教学不再是以教师语法知识点的讲授为主，而是要求学生在完成不同教学内容时使用语言进行交际，通过语言交际任务来学习目标语法点。这并不意味着教师在教学中的作用被削弱，相反对教师的理论知识和实践教学能力提出了更高的要求，教师由教学大纲和教学方法被动的接受者变成教学材料和课堂活动的创造者，课前需精心设计任务、反复推敲其合理性，课中适时灵活调整任务，课后反思修正任务。

教学实践中，围绕虚拟语气的教学，教师精心设计各阶段（导入阶段、运用阶段和巩固阶段）任务，任务间衔接自然、环环紧扣、贯穿始终。学生在教师任务的激发下，始终处于一种积极主动的学习心理状态，同时特定的任务使得学生对目标语法知识点的需求更加迫切，在自主而自觉地运用语法的过程中能够更加深刻地领悟语法。以任务贯穿教学，既催化了其自然和有意义的语言应用，营造了一个有利于学生习得语言的环境，又很好地培养了学生自己发现问题、解决问题的能力。

结合本文提供的教学实例，归纳出贯穿语法教学中的任务需具备以下特点：第一，以意义为中心，而不是以操练某种意义不大，甚至是无意义的语言形式为目的；第二，任务是具体的，且贴近学生生活、学习经历和社会实际，能够引起学生的共鸣和兴趣，激发学生积极参与的欲望。

（三）技能融合

语法课的学习目的在于帮助学生重点掌握英语语法的核心项目，提高学生在上下文中恰当运用英语语法的能力和运用英语的准确性，使学生对英语语法有一个比较系统的了解并能借助英语语法知识解决英语学习过程中的有关问题，探讨英语语言的结构，通过各种练习，牢固地掌握英语语法，提高运用英语的能力。由此可见，语法教学是手段，不是目的，它应该为培养学生的听、说、读、写等语言技能服务。

在虚拟语气语法教学案例中，导入阶段设计了说、听、读三项任务，运用阶段学习完成了说、写两项任务，为进一步巩固教学成果，教师安排了课内和课外巩固，涉及语法项目的说、写训练。整个教学过程，运用整体语言法教学思想，从单纯的语法知识教学中解放出来，语法知识与听、说、读、写技能有机融合，使语法教学内容与语篇、语境相结合，学生在语篇情境中学习语法，增强了学习的积极性和主动性，最大限度地帮助学生习得语法知识，提高了学生灵活运用语言的能力。

实践证明，整体语言教学理论指导下的“语篇导入、任务贯穿、技能融合”的语法教学模式是可行的。就学生而言，由于教学中充分考虑到他们的需求、目的、兴趣，语篇选择贴近社会和生活实际，任务设置参与性强，改变了学生原来对语法的偏见，不再觉得语法教学枯燥无味，相反他们学习语法的兴趣和动力增强，学习效率大幅提高。同时，新的语法教学模式下，教师的工作量比传统的语法结构讲解和训练要大得多，除精心设计教学步骤，选择教学语篇材料，教师还需要对学生的学习状况给予更多的关注。通过实施有效的语法教学，最终提高学生综合运用语言的能力。教师在语法教学中起着至关重要的作用，这对教师的理论水平和实践能力提出了更多挑战。

第六节　整体论指导下的英语篇章教学

一、篇章整体教学的步骤

（一）篇章导入

课堂导入是课堂教学的主要环节之一，一堂课导入的成与败直接影响着整堂课的效果。篇章导入也是一样，导入是否得当将直接影响篇章整体教学效果。篇章导入常用的方法有：“设疑导入”，向学生巧妙地设置悬念，引起学生兴趣，迫使学生去读、思考，有利于培养学生独立思考的能力和习惯。“自由谈话导入”，教师可提出适当的与课文相关的话题让学生进行对话，然后教师利用学生所讲的内容，适时地引入主题。另外还有“表演导入法”“故事导入法”“语言游戏导入法”等。

（二）篇章背景介绍

篇章的背景知识包括与课文有关的人物、事件、地理、文化、社会等知识。文化背景知识是读者理解特定语篇所必须具备的外部世界知识。如果学生不具备相关的背景知识，便无法理解语篇的真正意义。篇章背景知识介绍一般是在预习阶段让学生查阅工具书或通过互联网等搜集相关资料，教师在课堂上有重点、有选择地进行补充和讲解。教师可以采用口头叙述，也可以利用幻灯片、图片、多媒体等形式予以展示。

（三）篇章文体分析

英语文章文体一般有四大类：记叙文、描写文、说明文和议论文。不同文体的语篇有不同的体裁框架，了解体裁框架有助于学生更准确地了解特定语篇的含义。在语篇课堂教学中，教师应首先介绍课文的文体，并对文体的一般特征及在本文中的具体特点进行概述。记叙文多注重情节性，说明文多注重条理性，议论文多强调逻辑性，而描写文则侧重于景与情的关系。对于不同体裁的文章，教学的侧重点也有所不同，比如记叙文，教师应引导学生理解字面意思、故事情节，鉴赏其选词造句特色、情节展开与人物塑造的手法以及叙述角度的选择等内容。而议论文中最主要、难度最大的是论点、论据及论证方法的分析以及上下文逻辑关系的判定等。

（四）篇章结构分析

语篇篇章结构分析是语篇教学的重点，而其中对句际关系的分析是语篇分析的一个重要内容，也是培养和提高语篇能力最直接、最有效的手段。无论什么形式的篇章，其结构都是一个条理清晰、语言衔接、逻辑连贯的有机整体。篇章结构分析首先把课文当作泛读文章来阅读，从总体上把握文章，然后组织学生对各个自然段进行分析，找出段落的主题句，讨论段落大意，指导学生根据作者意图对全篇进行分析，划分段落，概括段落大意和全文的主旨。

（五）篇章精读

精读教学是对课文达到由表及里的逐步深化的理解程度，并对其中的细节进行分析、探索。分析、探索可以课文内容为主线，亦可以语言要点为主线。教师可以提出有关课文内容的问题，让学生讨论并回答问题，引导学生用自己的语言归纳出各部分的中心思想，并领会各部分之间的内在联系，这样可以培养学生积极思考的能力，检查学生是否真正理解课文内容。对课文中出现的语言要点加以英汉解释，对难句加以结构分析，解决篇章的语言背景、修辞手段、写作意图、写作风格等相关问题，以更好地把握课文内容和语言知识之间的联系。

（六）篇章巩固

篇章巩固这一步骤是一个复习巩固和再提高的过程。每教一篇新课文，都要回过头来采取不同的形式，给学生提供语言实践和复习巩固的机会。只有将学和用真正结合起来，语言学习才会有实际意义。最简单的方法是利用课文素材安排活动，将课文演化为活动材料，如改写（rewriting）、复述（retelling）、讨论（discussion）、角色扮演（role play）和辩论（debating）等。在学生身临其境参与活动的过程中，他们的听说运用技能得到训练，逐步在实际中内化并活用所学的语言知识。此外，巩固还包括应及时复习所学的语言要点，就课文中语言知识对学生进行语言练习，可利用课后练习或其他练习形式。

二、篇章整体教学模式

为了适应英语教学改革要求，笔者根据上述理论，构思设计了篇章整体教学模式，即“整体着手、局部深入、综合运用”三步走的教学模式。具体来说，整体着手即着眼于篇章整体，从主题、背景、文化、文体和语言特色等入手。这几个因素基本上属于内容图式和修饰图式的内容。从这两个图式内容着手完全能起到构建篇章语境的作用。在外语教学中，为学习者构建语境不仅重要而且必要。其重要性体现在，教师在铺设语境的过程中，可以逐步把学生置于一定的语言环境里，让学生感受故事中人物的个性心理、事物的变化特点。这样学习者就可以深刻理解篇章中词句的妙用。其必要性在于使篇章语篇化，也就是活化篇章，使读者与作者犹如面对面交流，篇章中词句的“含义”自然灵显。

局部深入就是在语言交际的动态环境中掌握语音、词汇、语法等语言知识，从而加深学生对语言现象交际功能的理解、训练，并培养学生运用语言进行交际的能力。此环节的教学类似于传统教学中对词、句和语法等项目的教学，可以归为对语言图式内容的教学。但教学的内涵已经不同了，因为经过第一个教学环节后，学生已经基本明确主题的内容和意义，此时的讲授可以说是教师在引导学生欣赏作者遣词造句的风格了。这样的教学步骤可以让学生深化对主题的理解，同时有效落实语言知识教学。

综合应用就是在完成前面两个步骤后，在学生对篇章充分理解和熟悉的基础上，学生可以继续围绕主题复述主题内容，也可以改写故事，还可以就主题展开辩论。这个教学过程就是活学活用的过程。总之，篇章整体教学模式不仅能活化教材内容，而且对培养学生的主体意识和发展学生的听说能力极为有益。篇章整体教学模式符合笔者探讨的英语教学三原则，即信息原则、意义原则和思维原则；也能较好地体现西方“整体语言”（whole language）教学的思想，即语言学习是一个从整体到部分然后回到整体的过程，整个过程突出了“意义”学习；同时还是建构主义学习观在英语教学中的具体运用。

第七节　整体论指导下的英语阅读教学

阅读是人的一种智能行为，是一个对外部信息的认知、理解、吸收过程，是人获取知识的主要手段。在第二语言的习得中，阅读更是掌握语言知识、打好语言基础、促使语言能力形成的主要途径。学生的英语阅读训练主要通过每周两课时的阅读课来实现。阅读课是外语教学中的主要课型之一，其主要目的是通过教师的引导培养学生的阅读能力，进而提升其语言能力和运用外语在一定范围内进行交际的能力。由于阅读能力是大部分学生今后工作所需要的主要语言技能，因此，在英语教学中始终把阅读教学放在一个十分重要的地位。

在传统的英语教学中，各门课程的教学相对独立，阅读课侧重于训练学生的阅读速度和答题准确率。其教学过程偏向于快速阅读、习题、对答案、讲解，课外要求学生做大量阅读理解习题，测试时以数量有限的几篇文章来考评。这种教学模式人为地将读与其他英语技能即听、说、写分割开来，一味地强调对词、句、段的理解而忽略了将篇章放到一个整体的语境中，以读带动整体语言技能的培养。这种方式下的阅读教学难以走出纯知识学习的狭小天地，不利于达到学生学习语言的最终目的，即语言能力的形成。

一、整体教学模式下的英语阅读教学

（一）课堂教学

学习语言的最终目的是用语言进行交际，包括口头交际与书面交际，前者涉及听说，后者涉及读写。听与说是信息的输入，读与写是信息的输出。语言交际过程实际上就是信息的输入与输出交替进行的过程。实践证明无论是在语言学习的哪一个阶段，听、说、读、写都是相互联系与促进的，顾此失彼势必影响语言能力的全面发展。因此整体教学模式下的阅读教学首先强调的是以读为主，在读的基础上通过各种途径使四大技能进行综合和交叉，促使整体语言能力的同步发展。课堂活动可分为以下几个阶段。

1.以听导读

在语言学习中，学习者首先在大脑中建立语言的语音特征图示和其相对应的有关客观世界相互关系的图示，然后在大脑中建立语言的字符特征图示，即“由听到读”。由此可见，从听、读技能发展顺序来看，听先于读。因此，从英语课堂活动的层次安排来看，听的活动应先于读的活动。以听导读正是遵循了这个规律，以听作为读的前奏和铺垫。

导读是阅读前的心理准备和知识准备，充分而有效的导读是积极阅读的关键。教师在课前应准备好详尽的资料，包括背景知识、文化差异、人物介绍、精彩片段等，辅以图片、音乐，甚至影像等手段，以英语进行导读。根据阅读材料的特点，教师还可以选择一部分文章进行听读，即在了解了相关背景知识后，以听课文录音代替快速阅读，并提出几个较浅显的问题，要求学生听完后回答。这个以听为主的教学过程能激起学生的好奇心和积极性，消除不利的心理障碍，为下一步阅读做好准备。

2.积极阅读

一般的阅读教学基本上是围绕词汇和语言点而展开的，这种做法使阅读者仅停留在对阅读材料的表层认识上而缺乏对其深层次、积极的理解。整体教学模式倡导的是积极阅读和有目的的阅读，即强调培养和锻炼学生的创造性和批判性思维能力。阅读的目的不单是为获取信息，更重要的是对这些信息进行独立的分析、判断、归纳、评价与引申，再将这些信息二次运用于语言交际中去。积极阅读将阅读的重心从传统的词汇、语法转移到了在整体语篇的基础上捕获和加工信息，鼓励学生超越表层的语言形式，发掘文章的深层内涵，提高对语篇的整体敏感度。同时，教师还可以鼓励学生阅读时思考甚至驳斥阅读材料中的观点，变盲目接受为选择性接受，变被动为主动，激发学生批判性思维和创新思想，同时也为下一步提问和讨论做准备。

3.以问促说

“说”是读的延伸与升华。阅读教学绝不止于读的完成，将阅读时输入的信息经过加工，以说的形式输出来是阅读整体教学模式的重要目的之一。为消除学生中普遍存在的羞怯、胆小心理，教师最好以提问开始“说”的活动。提问首先要与文章内容相关，其次要根据学生的水平差异设置难度不同的问题，鼓励每个学生参与。除此之外，说的活动还包括朗读、复述、讨论、辩论、口头作文、对话等，是最能锻炼学生个性化思维和表达的部分。教师应针对学生的兴趣爱好、个体差异、性格特点等有效地组织口语活动，要求学生积极发表个人见解，鼓励形成对立观点，发表不同意见，使学生在有竞争、有争论的课堂中锻炼思维能力和交际能力。

4.读写结合

在上述课堂活动结束之后，要求学生在阅读材料和讨论内容的基础上挖掘素材，就其中最感兴趣的部分进行一个总结，或是进一步发表个人意见，便是读写结合、相互补充的最好形式。学生还可充分发挥想象对文章进行改写、续写、仿写，不但尝试到了创作的乐趣，还巩固了所学内容。

综上所述，阅读整体教学模式的课堂教学充分突出了以阅读为中心，同步带动听、说、写的特点，输入与输出相结合，体现了当代交际式英语教学的特征。

（二）课外学习

整体教学模式提倡课堂教学内容与课外学习内容有机结合以及课外学习多元化。一次阅读课后，教师可以给学生布置与课文内容相关的任务，让他们到图书馆或参与到社会查找资料，搜索信息，通过同学之间的合作达到问题的解决。还可以引导他们上互联网阅读相关新闻或事件，通过发英语e-mail进行信息沟通和交流，以此激发学生的学习热情，将语言学习由课内延伸到课外。丰富多样的课外活动是课堂教学的发展与完善，也是整体教学得以实现的不可缺少的内容之一。

（三）整体测试

语言教学离不开语言测试。测试作为语言教学的一个重要部分，一方面为教与学提供了直接动机，另一方面对教学效果进行判断，对学习水平进行评估。传统的英语阅读测试形式单一，设置极不合理，长期采用选择题为主的标准化测试，学生答对与否都不能确切表明他们对阅读材料的理解与否，也不能充分、具体地说明学生在哪种能力上需要提高，因此不宜长期作为考核学生成绩的标准模式。

整体测试区别于传统测试的最大特点是其阶段性、综合性、多样性和科学性，即以学生的外语交际能力和整体表现为其测试的内容与对象，在不同的阶段、为不同的考查目的、以不同的形式科学地进行测试。为使测试能更全面地对学生的学习情况进行评价，教师可以从以下几个方面进行尝试。

（1）测试贯穿学生学习的全过程。该模式下的测试主要以课堂小测、期中、期末三种方式进行，测试的目的是对学生的即时反应能力、理解能力和表达能力进行阶段性考查。

（2）建立综合考评制度，即卷面测试与其他多种形式相结合，降低卷面分数所占总成绩的比率。如教师记录学生的课堂表现，课外活动情况，作业完成情况，在比赛、表演、辩论等中的参与情况等，加上学生的自我评价，然后从整体着眼，综合评估。

（3）进一步完善测试的内容与形式，考试命题要提高试题的科学性，适当降低涉及单纯语言点的题目，减少客观题，增加主观题和应用性试题，力求主、客观试题比例达到1:1。同时要重视所涉及语言的实用性、广泛性和可接受性。专家普遍认为，好的阅读测试应在同一测试中或测试同一篇文章时采用不同的测试方法，以全面考查学生对文章的理解力。

二、实施整体教学模式应注意的几个问题

整体教学模式是对英语教学改革的积极尝试，在实施过程中我们必须充分考虑到其教学中的整体性、交际性和自主性的特点，并注意以下几个问题。

（一）提高教师素质和业务水平

整体教学模式的实施需要业务水平高、责任心强的教师。他们必须掌握现代化教学手段，对授课内容进行组织和筛选，对学生的课外活动进行精心安排，还要针对学生的个体差异因材施教。同时，为了缓解学生心理压力，使他们以最佳状态投入语言交际中，教师还必须了解学生需求\理解学生心理，做学生的良师益友。因此，高素质的教师是实施整体教学模式的前提和基础。

（二）加大对教学设备的投入

学校的硬件设备十分重要。图书馆、多媒体教室、语音室、电脑房等设施将给学生提供一个便利、生动的学习环境，有利于他们发挥积极性。因此学校应加强这方面的投入，并对学生全面开放这些设施，使他们能充分利用先进学习条件全方位地进行训练。

（三）以小班授课为宜

要在课堂上对学生进行听、说、读、写综合训练，一个班级以30个人左右为宜，否则不利于课堂交际活动的开展。

（四）改革测试方式

测试改革应先于教学改革，因为从目前中国的情况来看，教学还是跟着测试这根“指挥棒”在走。只有传统测试的指导思想从重结果而轻过程、重知识而轻技能的误区中走出来，整体教学模式的优势才能得以充分发挥。

英语阅读整体教学模式真正实现了在愉悦、轻松的环境中学习语言，提高学习者的综合语言运用能力，并正以其独特的优势受到广大英语教学者的关注。随着英语教学改革步伐的加快，它的广泛实施是完全可能的。

第八节　整体论指导下的英语写作教学

一、整体语言教学视角下英语写作教学策略

写作教学虽然是英语教学中重要的组成部分，但同时也是学生最为薄弱的环节。如何有效改革与创新写作教学方式，培养与提升学生写作能力越发受到广大教育工作者的关注与重视。目前，写作虽然只占据了英语教学中的一部分，但由于大学课程多、任务重，教师很难做到对每篇作文逐字逐句地批改，也就别提学生创造性能力的培养。长此以往，不仅学生的写作热情与主观能动性会被抑制，就连学生的创作思维能力也会备受限制。造成学生学习能力低下最为重要的原因是教学方法的陈旧、单一，需要转变传统的教学模式，丰富英语写作课堂，提升学生写作能力。而整体语言教学强调，英语教学应当注重读、写、听、说多方面教学的同步发展，注重学生综合语言能力的培养。同时它也强调在语言教学中应当“以生为本”，充分调动学生的主观能动性以及积极主动性。而教师扮演的则是学生引导者与指引者的身份，旨在与学生共同发现与探索知识。基于此，下面将以整体语言视角简要探讨提升英语写作教学水平、培养学生写作能力的策略。

（一）以读促写，循序渐进

阅读对于写作的作用不言而喻。一篇好的文章需要运用到大量的词汇、修辞以及语法等方面的知识，传达思想感情与人文内涵，这需要创作者有足够的知识储备，而这些都是通过长时间的阅读与积累获得的。所以，想要从整体语言教学视角提升英语写作教学质量，首先就需要我们广大教师积极鼓励与引导学生进行广泛的英语阅读。由于一篇优秀的英语写作不仅需要符合英语写作规范，还需要符合英语写作习惯与风格，这就需要我们的学生在阅读过程中着重了解英语写作过程中的具体格式、写作特点与习惯。对优秀英语名篇进行阅读，并以此为模

板进行仿写，这将成为提升学生英语写作能力最为有效的途径之一。在具体的阅读中，大部分学生对英语经典著作并不是很了解，在挑选阅读作品时更是无从下手，有时甚至会适得其反，因此，就需要我们的教师推荐一些国外经典的作家名作，让学生吸收精华，并通过逐渐仿写将其内化成自己的知识，达到学以致用的目的，以此达到提升学生写作能力的目的。此外，英语摘要也能够有效提升学生的阅读能力与写作水平。基于此，教师可以寻找一些学生感兴趣的短篇小说、英文故事等，让学生先通读全文了解文章大意，然后在不看原文的前提下，让学生根据自己的理解写出文章摘要，抓住文章的主体构架以及文章主旨。同时，为了进一步培养学生的阅读习惯，提升学生的写作能力，教师还应当向学生布置任务，让其将一些日常阅读所看到、听到的精彩语句或者名人名篇搜集、记录下来，以此达到阅读与复习的目的。

（二）以说促写，因材施教

目前学生英语写作教学最令人关注的问题就是学生写作内容的贫乏。这是因为大部分学生对于写作教学存在一个误区，将写与说这两个方面的教学分离开来，认为写作只是书写而已，而口语则是说而已，二者之间并没有多大联系。殊不知，写作是更高一层次的口语表达能力，需要将某一题材从潜意识中抽离或提取出来，并加以润色加工。而这一部分与我们的口语表达能力有着千丝万缕的关系，但同时也是学生感到困难的项目，他们往往会花费大量的时间进行遣词造句，但最后也无从下手。这与他们平时对素材的提取以及口语表达的忽视有着莫大关系。

口语表达是一种相对自由的表达模式，从说话的欲望开始激发学生发散性思维，不仅有益于开阔学生的视野与思路，还有利于让学生之间在相互的交流与碰撞中发现自身的不足，并向他人学习。由于学生都是具有差异性的个体，所以，在具体的教学实践中，教师应当考虑到学生的个性化差异，并有针对性地教学，做到因材施教。具体而言，教师需要为学生创作一个可以自由讨论的话题，并将学生科学地分为几个学习小组，不同层次的学生要求各不相同，让学生针对这一核心话题展开讨论。长此以往，学生就会养成运用英语开口表达的习惯，并逐步诱发学生写作的欲望，以此达到提升学生写作能力的目的。

在英语教学中，为了实现以说促写，教师应当创设口语教学情境，借助话剧、表演等形式，让学生以英语口语的形式将文本内容表达出来，并通过实践操作促进学生英语写作能力的提升。例如，《罗密欧与朱丽叶》这种具有浪漫气息的爱情故事最易吸引学生的注意力，所以，在具体的教学实践中，教师可以采用话剧的形式，将全体学生分为几个大组，要求每一小组进行表演再现，最后以小组竞赛的形式，看哪一小组最能够将这部话剧所传递的精神表达出来。通过这种形式的安排，不仅唤起了全体学生的说话欲望，同时让其在具体的参与中更加迫切地想要知道这部剧的原版表达，并查阅相关资料，将学生的学习兴趣、学习领域逐步拓展，从而在不知不觉中提升学生英语口语表达能力以及写作能力。

（三）以听促写，综合提升

听力是与我们阅读教学有着直接联系的一个教学环节，但听力教学对于学生写作能力的提升作用也最容易被广大教师以及学生所忽视。听力教学作为英语教学中的重点项目，更是英语四六级考试中重要的组成部分，其重要性不言而喻。而听力能力与写作能力是相互影响、相互促进的，当一名学生能够准确无误地听出英语素材，那么说明这名同学具有一定的写作能力。因此，在整体语言教学视角下，想要培养学生的写作能力，以听促写不妨是一种有效的教学方法，能够显著地提升课堂教学质量，促进学生综合素质的全面发展。

教学证明，在写作的基础教学中或者对于语言知识掌握不牢固的学生而言，采用听写结合的方法是最为行之有效的一种教学方法。在具体教学实践中，教师先将材料朗读一篇，然后选取文章中较为精彩的一小段作为听写的素材，让学生先自由朗读，紧接着再让学生反复听，最后就是让学生将自己所听到的记录下来。这种练习方法不在于学生是否能够逐字逐句地将文段写出来，而是让学生能够掌握所记录下来的语言知识，并将自己不能听写的原因找出，以此通过听写演练的形式达到激发学生写作兴趣、提升学生写作能力的目的。

在具体教学实践中，大部分教师可能会因为英语素材而犯愁，这时教师不妨将历年英语四、六级考试中的英语素材搜集整理出来，通过课堂教学中的反复播放让学生记录下来。但由于课堂时间有限，教师不可能将所有时间都花在这上面，基于此，还应当引导学生通过课下进行积累，借助手机、电脑等智能设备，将这些英语素材传输到智能设备上，利用课余时间让学生反复播放、反复训练。久而久之，学生就会养成良好的听力习惯，通过长期的坚持、循序渐进，促进学生写作能力的提升。除了利用四、六级考试的英语听力素材以外，教师还可以借助“爱语吧”这一软件，让学生自行下载自己感兴趣的听力素材进行学习，并要求在听的过程，不仅需要掌握文章的含义，还需要对其中重难句的结构成分进行深入的分析，并记录下来，为今后的英语写作提供素材，让其在写作过程中能够有话可说、有话可写。这都是以听促写所带来的积极意义，有利于学生英语阅读能力的提升。

总而言之，整体语言教学对于学生综合语言运用能力的提升有着不言而喻的意义，不仅能培养出高精尖的英语人才，还能满足社会对人才的渴求。与此同时，整体语言教学对我们的英语教师也提出了新的要求与挑战。不仅需要我们的英语教师适应这种教学理论，还需要具备前沿的教学水平、敏捷的思维能力以及开阔的视野。唯有此，才能确保我们的整体语言教学顺应英语教学发展。

二、整体教学理论在英语写作课堂上的应用

（一）整体

整体教学提出了整体统帅局部的原则，采用从整体出发、从整体来教局部、教局部不忘整体的教学方法。教师应全面掌握《大学英语写作大纲》中对学生的全部要求，对毕业后学生在写作能力上达到的水平有一个整体的构想，并设计出每一年、每一学期，甚至每一节课在写作方面所要达到的目标。把握整体的过程就是语言输入的过程，目的是让学生初步理解所要学的知识内容，对所要学的知识有一个整体的认识。写作技能的培训可以贯穿于英语教学的各个学科，以精读课为例：在读一篇文章讲解分析的同时，教师也要设计本节课结束后，在写作能力的培养上要达到怎样的效果，这样在课文的讲解中有意识地强调作者的写作特点和优点，在潜移默化中进行点滴积累，最后达到提高写作的目的。

（二）分散

语言的功能和形式依附内容而存在，语言教学从整体出发，教师应将写作所要求的各种技能融于平时的各个教学环节中，语言知识和技能应通过自然的语言环境加以培养，而不应人为地把语言知识和写作技能分开独立进行培养。分散可以让学生在平时的渐进式学习和积累中掌握全部的写作技巧，在潜移默化中达到

水到渠成的效果。具体做法如下。

（1）分散到教材。教师可利用精读、泛读加强学生对词汇的感悟，特别是同义词之间的差异。

词汇是语言的建筑材料，我们写文章总离不开措辞，文章写得好坏与用词有密切关系。在写作时学生犯的通病是该用具体词的地方却用了抽象词。“具体”和“抽象”是相对而言的，教师在授课时应用一些精辟的例句让学生明白在写作中词的意义越具体，越能给读者鲜明印象的道理，并鼓励学生掌握足够的词汇量，只有词汇量大了，才能在写作中左右逢源，随时用上所需要的词。

（2）分散到时事。语言与我们的生活息息相关，教师可利用当前的一些国内外时事来激发学生要用英语表达的欲望。

（3）分散到媒体。多媒体计算机和网络通信技术的发展为学生学习提供了理想的认知工具，能更有效地促进学生的认知发展。多媒体系统的多种感官刺激更符合人类学习认识规律，体现了学生认识主体的地位，同时考虑到学生个体差异，改变了传统的“黑板 + 粉笔”的教学模式。教师可以因势利导，通过媒体让学生了解并掌握一些计算机和网络的术语，并学会电子邮件和函购信笺的写作格式。

（4）分散到学生。整体教学体现出以学生为主导的教学思想，它改变了“教师讲学生听”的被动灌输方式，给学生创造良好的氛围，让学生之间展开讨论、相互学习。学生之间相互检查所写的文章，检查出漏洞，再由学生进行讲解、分析、改错，这种学生与学生之间的学习要比学生向老师学更有深远意义。

总之，分散是把要学习的写作能力和技巧分散到每个学期、每一单元、每一节课，把要学习的知识重点和难点分散到各个单元，精讲多练，讲练结合，在每节课的点滴学习中收获写作的全部知识。

（三）全面综合

分散讲解完每个知识点后，教师应让学生以归纳的方式及时总结重点内容，归纳写作技巧和各种写作格式。最终在学生的头脑中留下完整的知识，并形成完整的印象。全面综合让学生对各个知识点的认识从模糊、凌乱到清晰、完整，这是质的飞跃，同时也符合记忆的心理规律。这一阶段可以用以下三种方法：课文内容的整体再现；词汇句式的综合再现；语法知识的重点再现。以课文内容再现为主导，教师可采用播放录音、复述提纲、图标归纳等手段得以实现，目的在于全面总结，使各语言点、知识点变得系统化、条理化。

（四）实际运用

运用是教学的最终目标，运用也是教学过程的最终体现。写的教学应该贯穿于各学科的始末，光学不练永远达不到预期的目标。教师应在授课的一定阶段，结合所讲内容和这一阶段所提示的写作技能，布置一些相应的写作练习，让学生在实践中得以巩固。教师可以指导学生写课文摘要或进行缩写、改写，以培养概括能力；给主题句和关键词要求联句成篇；或根据范例模仿作文；教师还可根据课文内容设计一些具有概括性的话题，让学生讨论，以培养交际能力，因为整体教学的理论是听、说、读、写的能力齐头并进的。

三、整体教学在写作课堂上的优势

（一）整体教学理论促进了教学观念的更新

教师的教学观念决定教学方法，教学方法决定教学效果。整体教学理论揭示过去按听、说、读、写顺序进行教学的原则违背了语言发展规律。现在各高校只是在四至五或五至六学期开设英语写作课程，有的高校甚至只开设一学期。有些教师甚至错误地认为只有写作课是提高写作的唯一途径。整体教学理论的出现为英语语言教学指明了方向，让教师运用整体理念，将写作能力训练贯穿于各学科中，从而起到水到渠成的效果。

（二）消除了学生的思想负担

“写”一直以来是英语学习者的薄弱环节之一，而“写”在各级各类考试中的比重不断增加。而各高校的现状是有些学生由于基础差、底子薄，对写作课产生了极大的畏惧感。在写作课堂上他们的思想被各种写作的条条框框所束缚，为“写”而“写”的目的使他们忘记了一些最常见的句式。针对这种现象，整体教学理念是最好的应对策略，将写作技能的培养融于各科的整体教学中，在各个学科每节课的潜移默化教学中，让学生在不知不觉中学会写作，既减轻了学生的负担，又达到了教学目的。

（三）缓解了学生学习压力

开设写作课程的学期往往是毕业前的最后一两个学期，也是学生学习任务重、学习压力大的学期，学生既要忙于毕业论文，又要应对大量的写作训练，这不仅违背了学习是循序渐进的原则，而且还影响了学习效果。我们从整体教学理论出发，将写作压力分散到各个学期和科目中，不但会减轻学生的身心压力，还遵循了教学规律的发展，知识的学习由浅入深，语言的习得更是如此。只有学生平时点滴地积累，才能达到运用自如、游刃有余的效果。

整体语言教学是一种教学哲理（educational philosophy），它是基于对学生整体能力培养的基础之上，教师应知道学生能力的培养不是支离破碎的单项技能的培养，各种技能是相辅相成、融会贯通的。学生写作能力的培养更应贯穿于各项教学中，这种能力的培养绝不是几节写作课所能达到的。教师在英语教学中要科学把握，运用整体教学理念，由浅入深、由易到难、由近及远、由简到繁、逐层深入，引导学生由整体到局部、由粗通到领会、由理解到运用，循序渐进地学习，在潜移默化中达到提高学生写作能力的效果。

第九节　整体论指导下的英语翻译教学

自翻译被纳入全国学生四、六级考试后，翻译教学越来越受到英语教学者和科研者的重视。根据四、六级翻译的评分标准，学生要具备能将题材熟悉、语言难度较低或难度中等涉及中国的文化、历史及社会发展的汉语段落译成英语，旨在考查学生能否用符合英语规范和表达习惯的词汇和句型完整、准确地传达信息。不仅如此，全球化的就业趋势也要求学生在口头交流能力上做到基本流畅和准确。英语课堂作为培养学生上述翻译能力的空间，必须将翻译教学，包括口译和笔译两个方面融入传统的听、说、读、写综合教程中，从而进一步提高学生的英语输出能力。但是如何在有限的课堂时间内有效和高效地培养学生的翻译能力和整体语言能力一直困扰着教学者们。在此背景下，本节将从整体语言教学的角度探讨英语的翻译教学。

整体语言教学观下的英语翻译教学设计如下。

教案1：听说教学中的翻译能力培养

本教学设计从听说课本上常见的对话主题中选取了以租房为主题的对话来进行口译教学的设计。期望能有效帮助学生提升口语能力、克服害羞心态、增强口语自信心、强化学习动机。

教案1将房东与租客的对话中加入需要口译的情境，以学生时期会面临的租房问题为情境，采用对话口译的三方对话方式，学生三人一组，分别扮演租屋者、房东与口译员三种角色，让房东或租客其中一人讲中文，一人讲英文，两者交换信息的过程，由第三位学生担任口译员居间负责沟通。共活动两轮，第一轮情境为外国留学生到中国租房，由口译员帮忙与房东沟通；第二轮情境为中国学生至英国参加海外暑期课程寻找短期住宿，由口译员帮忙与英国房东沟通。准备阶段租客与房东分别拿到租屋要求的提示小卡（其中刻意融入课堂学过的单词与句型，中文方的信息亦以英文呈现，学生必须自行阅读后转为中文表达），口译员则只拿到情境与角色设定，需在沟通过程中随机应变。

该翻译活动的功能为提供双语沟通的真实情境，整合听、说、读三项技能，并借由该类主题提升活动的趣味性与学生的学习动机。此外，教学活动以任务导向设计，强调由口译员协助完成租屋任务，也凸显语言作为沟通工具的重要性。学生反馈认为本次教学使用中英翻译的方式有助于注意中英文的异同，且有助于更有效地学习英文，具体原因包括“有些相同事物，用中文解释和用英文解释的逻辑不同，练习到很多句型和单词”“对话的上课方式很有趣，不会想睡，在对话中也学到了一些单词”。

此次角色扮演设计，选用的是与学生上课内容有关联的主题，因此基础较好的学生可以基于课本的内容进行发挥，而程度较差的学生也能使用由教材提供的相关句型和单词，支撑能力较强，从而整体提升学生的学习效果。

教案2：精读教学中的翻译能力培养

为制衡母语的负面转移造成的搭配词错误，许多学者建议将翻译纳入搭配词教学中。因此，教案2的设计理念专注于翻译活动辅助搭配词的学习，通过笔译性质的活动，提升学习者对于语言的认知（consciousness-raising），让学习者体会到搭配词是不分语言的共同现象。

在此教学设计中，教师会从中文搭配词概念讲起，引入英文搭配词的概念，并以中英搭配词不同的例子介绍搭配词的分类，让学生比较中英文概念与表达方法的异同。介绍完搭配词概念后，教师开始以精读课本上的课文和课后练习等为材料，开始帮助学生注意到搭配词的具体运用。接着教师下发几段已学课文的段落（其中的重点搭配词已被删为空格），让学生以小组活动方式针对空格填入适当的搭配词。每个搭配词都有提供中文译文，学生小组讨论完成后，教师再针对各段落易混淆的搭配词进行对照讲解，提醒学生关注每组中英搭配词的异同，最后鼓励学生今后多注意搭配词，将搭配词概念应用在背单词、口语、写作和阅读上，让考试发挥正面的反拨效应。

学生反馈笔译式的搭配词教学对于学习及记忆单词/词组有帮助，有助于他们注意到中英文的异同，对于学习英文有帮助。具体原因包括“让概念更清楚，有些词组不是照中文翻译的，所以有帮助”“中英对照笔译会增强记忆”等。但是，在此项教学实践中，还是存在操作上的问题，比如某些课文中值得作为教学重点的搭配词并不多。

在选取搭配词时不宜凸显中英搭配词的差异，若是能以搭配词较为明显的课文为教材，再辅以中英翻译对照，效果应该会更好。

教案3：写作教学中的翻译能力培养

教案3设计为结合课文后的书信写作练习与该课的一些重要句型，比如more...than all the other...等，将重要句型融入书信写作。

以翻译式写作的方式，帮助学生顺利完成一封求职信。在赋予学生发挥创意的同时，利用翻译教师提供的素材来减轻学生写作时需要思考内容题材的焦虑感，并帮助学生学习英文书信的格式。教学程序为教师复习完课文重要句型后，进入课文后的求职信书信写作练习阶段，教师讲解信函格式要求之后，分组进行翻译写作练习。翻译的材料采用中英对照方式，中文内容完整，英文有时则是单词填空，有时是整句填空，若是由学生自由发挥的句子，则中文也会保留弹性。

分组完成求职信的撰写后，由教师检查翻译内容并讲解重点和难点。学生认为本次教学通过中英翻译撰写信件有助于更快地熟悉写作要领，且使用中英翻译的方式有助于注意中英文的异同，也有助于更有效地学习英文。具体原因包括“中英翻译的方式可使印象更深刻，方便记忆”“借由翻译让我更理解陌生的单字和语句”等。而实施该教学设计时碰到的困难主要在于准备中英对照求职信教案时，如何选择英文整句或单词挖空的内容。建议可以以重要句型、中英差异的搭配字词、影响篇章结构的字词等为挖空重点。

结束语

英语教学是一项受诸多因素制约的系统工程，笔者从英语教学实际出发，提出全面实施整体教学的一些建议，具体如下。

（一）简述课文，整体吸收

课文教学是英语教学的重点和核心。要让学生学好课文，正确理解课文内容，首先必须从整体吸收入手。在课前，教师可用英语将课文的内容、作者的生平和背景知识等制作成课件向学生进行简单的介绍，使学生从视觉上对课文内容有一个整体的印象，让学生整体感知和理解课文的主旨和大意，并对课文进行粗线条的梳理和对语言有表层的理解，然后让学生回答问题或做正误判断题等。这样既测试了学生理解课文的程度，又培养了学生听的能力，使他们增强了英语的语感，有力地促进了他们自学能力的提高和良好学习习惯的养成，而不是一开始就陷入语法分析和语汇解释的迷雾中。正如美国心理语言学家克拉什所说，只有自然吸收的语言才能转化为口头的熟练掌握。换句话说，靠语法分析得到的理性认识并不能使人们熟练掌握英语。

（二）分段教学，精讲多练

这是继第一环节“整体”梳理后的局部教学，逐步突破各个自然段中的语言点及课文的重点和难点，旨在对课文中的重点语言现象进行进一步的操练和对课文细节进行必要的探究，这也是对课文深层理解的一个重要环节，通过这一环节的训练，把词汇、语言点、语法与理解课文有机地融为一体，为下一步的“再整体”教学奠定了坚实的基础。

（三）口笔表达，巩固提高

社会语言学家詹姆斯说过，一个学语言的人，他的语言能力，不仅表现在能造出合乎语法的句子，而且更重要的是，他是否具有恰当使用语言的能力。掌握语言的过程就是吸收信息和传递信息的过程。因为现代科学认为，语言是人脑控制社会交际的信息符号系统，只有通过传递信息，语言才会变为大脑机制的一个组成部分，达到所谓“内在化”，学生才会准确理解课文中的语言材料，并且灵活运用这些材料。这一步骤的教学主要是通过复述、听写等多种形式，巩固和检查学生对课文的理解，让学生对所学课文再次形成整体感，以深层理解为主，并能熟练运用语言知识，包括回答问题、用词造句、连词成句、归纳概括、推理判断、口述大意和缩写课文等，使学生在口笔训练中，从课文和课外阅读的材料中获得的词汇、短语、句型和习惯用法得到灵活的运用，培养了学生独立使用语言的能力。

教学的实践证明，采用“整体教学”的方法讲课可获得词不离句、句不离段、段不离篇的效果，学生们是在对课文的总体印象学习中学习单词的，由枯燥的单纯机械识记转为理解基础上的意义识记，课堂气氛活跃，师生配合协调。学生们反映，这样的教学针对性强，注意力能集中，效果也比较好。总之，英语课文整体教学法的核心就是教师把课文作为整体来教，学生将课文通篇理解，强调文章信息的整体输入和整体接受。从多方面看，整体教学法优于传统的分段讲授法。由于每课时都是由整体到局部、由低级向高级循环渐进，自然而然地实现对知识的综合运用，促进了整体教学的优化和学习的正迁移。

参考文献

[1]王卫娟.打造语境课堂："补缺理论"下的英语教学实践[J].教书育人，2023，810（08）：75-77.

[2]李汀.大单元整体教学下的英语阅读教学初探[J].中学生英语，2023，937（10）：7-8.

[3]主题语境引领下的单元整体教学[J].福建基础教育研究，2023，170（02）：60.

[4]陈君.新课改下英语教育的认识误区与改革路径初探[J].学周刊，2023，537（09）：136-138.

[5]庄季明.基于英语学习活动观的单元教学设计路径探究[J].新课程教学（电子版），2023，159（03）：60-62.

[6]朱亚燕.立足英语单元整体教学，提升教师教学设计能力[J].小学生（下旬刊），2023（02）：97-99.

[7]朱宇，吴磊，冯印芳.基于支架式教学的单元整体教学设计研究[J].黑龙江工业学院学报（综合版），2022，22（03）：132-136.

[8]陈彦竹.基于单元整体的英语写作教学策略探究[J].教学与管理，2022（07）：58-61.

[9]王天石.指向学科核心素养的英语单元整体教学设计研究[J].教学与管理，2022（01）：48-51.

[10]朱晗，方芳.整体教学理念指导下的大学英语教学行动研究——评《新时代大学英语教学研究》[J].外语电化教学，2021（02）：122.

[11]宋之允.基于整体语言观的大学英语新闻听力教学模式设计[J].吉林广播电视大学学报，2019（08）：41-42.

[12]李占辉.大学英语教学与双语教学的衔接：现状与思考[J].才智，2019（15）：141.

[13]高燕.建设英语公共演讲课程，提升大学英语整体教学模式内涵[J].中华辞赋，2018（10）：14–15.

[14]苏小轩.整体语言教学理论下的EGAP读写课程教学探索[J].湖北函授大学学报，2018，31（16）：173–174.

[15]尹雪梅.ESP医学英语课程在大学英语整体教学中的桥梁作用[J].管理观察，2018（19）：138–139.

[16]舒云.格式塔心理学与大学英语整体语篇教学[J].文存阅刊，2018（10）：86–87.

[17]陈晶晶.大学英语教学中的反思研究[J].现代商贸工业，2017（31）：168–169.

[18]张允.大学英语教学中的自主阅读能力培养[J].宿州教育学院学报，2017，20（05）：165–166.

[19]唐旻丽.合作学习理论与大学英语教学改革整体推进研究[J].科教导刊（中旬刊），2017（20）：119–120.

[20]杜文渊.新形势下大学英语教学创新模式分析[J].黑河学刊，2017（03）：137–138.

[21]刘颖.整体语言教学理论背景下大学英语口语的教学效果研究[J].大学英语（学术版），2017，14（01）：15–19.

[22]沈晶.大学英语教学如何提高整体质量[J].哈尔滨职业技术学院学报，2016（05）：150–152.

[23]贾春梅，张翼飞.大学英语教学改革理论预期与实践偏差研究[J].现代交际，2016（11）：31.

[24]王静.大学英语语法教学模式改革[J].亚太教育，2015（36）：75.

[25]冯卫卫，韩旻.整体教学法在大学英语阅读教学中的运用研究[J].高教学刊，2015（19）：98–99.

[26]田丽.整体语言教学在大学英语课程的应用研究[J].语文学刊（外语教育教学），2015（09）：106–107+110.

[27]邹微.基于整体感知的大学英语阅读课堂设计[J].乐山师范学院学报，

2015，30（09）：104–107.

[28]李念.解析新时期大学英语教学如何重新定位[J].亚太教育，2015（25）：113.

[29]胡朝霞，李先进.整体语言教学理论视阈下大学英语教学创新研究[J].英语广场，2015（09）：69–71.

[30]李徽.整体听写在大学英语听力教学中的应用[J].电影评介，2015（05）：103–104.

[31]巫奕君.整体语言教学理论与独立学院大学英语教学[J].戏剧之家，2014（16）：259.

[32]刘天宁.整体论指导下大学英语宏观教学思维的运用[J].科教文汇（中旬刊），2014（20）：77–78.

[33]刘信波.论大学英语课堂整体教学模式的建构——一个教育生态学的视角[J].湖南师范大学教育科学学报，2014，13（03）：122–125.

[34]刘天宁.大学英语宏观教学模式的运用[J].海外英语，2014（08）：110–111+129.

[35]李诗盈.大学英语教学反思[J].赤峰学院学报（自然科学版），2014，30（06）：192–193.

[36]侯云红.大学英语课堂整体听写教学模式研究[J].林区教学，2014（02）：43–44.

[37]薛印江.基于三位一体的大学英语整体教学模式运用研究[J].兴义民族师范学院学报，2013（04）：77–81.

[38]田进英.大学英语教学中“整体教学法”的运用[J].合肥工业大学学报（社会科学版），2012，26（06）：148–151.

[39]罗娅娜.大学英语整体语言教学研究[J].黑龙江生态工程职业学院学报，2012，25（06）：119–120.

[40]张旭.浅谈整体语言教学法指导下的大学英语听力教学[J].中国科技信息，2010（19）：284–285.

[41]王燕.整体语言教学在大学英语教学中的应用探析[J].教育教学论坛，2010（15）：114.

[42]韩英.整体教学理论观照下的大学英语写作教学[J].教书育人，2010

（15）：74–75.

[43]郑毅.整体教学法在大学英语教学中的运用[J].考试周刊，2009（30）：88–89.

[44]王倩.论“整体教学”策略在大学英语教学活动中的运用[J].西南民族大学学报（人文社科版），2009，30（S1）：56–58.

[45]孙雯.整体教学理念指导下的大学英语教学行动探究——评《大学英语教学行动研究》[J].外语电化教学，2020（05）：132.

[46]崔雁.整体语言教学理论在大学英语报刊阅读教学中的应用[J].内江科技，2020，41（09）：44–45+139.

[47]任永进.大学英语童话教学中核心素养和整体教学理念的体现[J].传播力研究，2020，4（14）：146–147.

[48]宋昕.整体语言教学模式下大学英语新闻听力教学策略探索[J].文化创新比较研究，2020，4（13）：85–86.

[49]赵杨飏.大学英语整体化教学思考[J].河南财政税务高等专科学校学报，2020，34（01）：83–85.